MON PREMIER CHAT

Arden Moore

ulmer

JE RENDS HOMMAGE À TOUS LES CHATS DE MA VIE PASSÉE ET PRÉSENTE, QUI M'ONT ENSEIGNÉ QUANTITÉ DE PRÉCIEUSES LEÇONS.

Je salue tout particulièrement celui qui m'a accompagnée tout au long de la rédaction de ce livre, mon intrépide chat tigré roux plus connu sous le nom de « Félix, chat secouriste animalier ».

Un grand merci également à ma famille, qui partage ma passion des animaux, et plus particulièrement à Julie, Kevin, Karen, Rick, Deb et Jill.

L'édition originale de ce titre a été publiée en anglais sous le titre « A kid's guide to cats » © 2020, Storey Publishing, North Adam

Traduit par : Caroline Lelong, Carpe Sensum

33, rue du Faubourg Montmartre 75009 Paris
Tél. : 01 48 05 03 03
www.editions-ulmer.fr

Réalisation : Laurent Melin
Responsable éditoriale : Raphaèle Dorniol
Impression : Printer Trento, srl
ISBN : 978-2-37922-288-7
N° d'édition : 288-01

Retrouvez-nous sur Facebook et Instagram

Dépôt légal : janvier 2023
Imprimé en Italie

MIXTE
Papier issu de sources responsables
FSC® C015829

MIAAOUU

Sommaire

Arden et Félix

Salut les enfants !

Les chats sont formidables. Vous le savez. Je le sais. Et les chats le savent certainement aussi !

Depuis que j'ai 8 ans, j'ai la chance d'avoir toujours eu un chat ou deux dans ma vie. Le compagnon de mon enfance, Corky, était un siamois affectueux et aventureux. À chaque fois que j'allais pêcher dans le lac situé au fond de notre jardin de Crown Point, dans l'Indiana, je pouvais compter sur lui pour me rejoindre sur le ponton. Il adorait se régaler de mes prises. Il aimait également nager avec nos deux chiens jusqu'au radeau posté au milieu de notre petit lac. Lorsque nous autres gamins avions fini de nous baigner, je le remettais dans l'eau et il barbotait gaiement jusqu'au rivage, en se servant de sa longue queue comme d'un gouvernail. Une fois de retour sur la terre ferme, Corky secouait ses pattes humides une à une et se trouvait un coin au soleil pour finir sa toilette.

Depuis Corky, j'ai eu plusieurs chats prénommés Samantha, Murphy, Callie, Little Guy (alias Dude), Zeki, Mikey, Mort, et aujourd'hui Félix. Chacun avait sa propre personnalité, et a embelli un peu plus ma vie. Et je sais que c'est également le cas du chat qui partage aujourd'hui la vôtre.

Tous les chats méritent de se sentir en sécurité, d'apprendre et de passer du temps avec les êtres qu'ils aiment le plus au monde – vous ! Félix et moi sommes là pour vous apprendre tout ce qu'il faut savoir pour devenir le ou la meilleur(e) ami(e) de votre compagnon, que vous veniez d'adopter un chaton ou viviez de longue date avec un félin. Vous êtes prêts à apprendre tout en vous amusant ?

C'est parti !

VOICI FÉLIX

Félix, le chat secouriste animalier, sera votre guide tout au long de ce livre. C'est un chat tigré roux drôle et plein d'assurance que j'ai adopté lorsqu'il avait 4 mois. Félix sait exécuter plusieurs ordres : s'asseoir, se lever, donner la patte pour dire bonjour et tourner en rond. Il marche bien en laisse et est toujours partant pour explorer de nouveaux horizons. Nous avons visité quantité de villes, pour assurer des formations de secourisme animalier et des conférences sur le comportement animal. En sa qualité de chat de thérapie certifié, il rend visite aux enfants dans les camps de vacances animaliers, ainsi qu'aux personnes âgées souffrant de troubles de la mémoire.

1

MON CHAT, MON AMI

Que vous soyez sur le point d'adopter votre premier chat ou que vous souhaitiez en savoir plus sur le fabuleux félin qui partage déjà votre foyer, une chose est sûre : la cohabitation avec un chat est source de nombreux bienfaits, et vous enseignera d'importantes leçons de vie.

Pourquoi les chats embellissent-ils notre quotidien ? Avant tout, un chat est comme un meilleur ami, qui ronronne sur vos genoux et écoute patiemment tout ce que vous avez sur le cœur. Il est là pour vous réconforter après une dure journée, ou se blottir contre vous quand un mauvais rhume vous cloue au lit.

Avez-vous déjà entendu le dicton selon lequel « Le rire est le meilleur remède » ? Un chat est souvent source de fous rires. Il suffit de le voir traverser la maison en trombe, faire le fou dans un carton vide ou attendre dans la baignoire que vous ouvriez le robinet pour qu'il joue avec l'eau. Il est difficile de se sentir triste ou seul lorsqu'un chat est présent pour nous amuser et nous divertir.

Un chat peut également vous enseigner la patience. Ces félins étant généralement solitaires par nature, et plutôt timides pour la plupart d'entre eux, vous apprendrez à attendre que Minet soit disposé à jouer. Vous découvrirez qu'il faut l'approcher lentement et lui parler posément pour lui donner envie de rester à vos côtés. Vous éviterez ainsi de le voir détaler à toute vitesse parce que vous l'avez abordé de manière un peu brusque. En prenant l'habitude de vous concentrer sur ses sentiments et ses besoins, vous apprendrez à vous montrer plus attentifs aux autres.

Comptez également sur votre chat pour vous responsabiliser. En effet, il a besoin de vous pour le nourrir, le toiletter, jouer, et bien sûr, nettoyer sa litière.

LES CHATS SONT BONS POUR LA SANTÉ !

Voici pourquoi la compagnie d'un chat est bonne pour la santé :

- Ils réduisent le stress et l'anxiété. Vous vous sentez nerveux à l'approche d'un contrôle de maths ? Faites appel à votre machine à ronrons ! Une séance de caresses avec votre compagnon libère des substances chimiques tranquillisantes dans le cerveau, réduit la pression sanguine et abaisse le rythme cardiaque. Plutôt cool, non ?
- Vous souffrirez peut-être moins d'allergies. Les enfants exposés aux chats dès leur plus jeune âge sont moins susceptibles de développer diverses allergies, notamment aux acariens, à l'ambroisie et aux graminées.
- Le ronronnement est l'un des sons les plus réconfortants et apaisants du monde.

LE COMMENTAIRE DE FÉLIX

Ronrrronrrron...

J'adore ronronner quand je suis content. De nombreux grands félins, comme les pumas, ronronnent, mais ceux qui rugissent, comme les lions, ne ronronnent pas. Nous autres chats pouvons ronronner en continu, en inspirant et en expirant.

LAISSEZ VOTRE CHAT VIVRE SA VIE DE CHAT

Les chats pensent, agissent et se comportent différemment des humains et des chiens. Contrairement aux chiens, ils ne chercheront pas à vous plaire à tout prix. Voici 5 autres différences majeures entre les chats et les chiens.

1 Les chats sont des chasseurs solitaires et, bien qu'ils soient sociables, ils n'ont pas besoin de la présence d'autres animaux ou d'humains pour se sentir bien. Les chiens chassent en meute et sont généralement plus heureux en société.

2 Les chats sont généralement plus actifs à l'aube et au crépuscule alors que les chiens sont plus actifs pendant la journée.

3 Les chats préfèrent généralement rester à la maison en votre absence, alors que les chiens préfèrent la compagnie de leurs maîtres.

4 La grande majorité des chats savent instinctivement utiliser un bac à litière à partir du moment où vous leur avez indiqué où il se trouve (et à condition que vous le nettoyiez correctement !) Les chiens, au contraire, ont besoin qu'on leur apprenne la propreté.

5 Les chats émettent une grande variété de sons (pas loin de 100 selon certaines études !), alors que les chiens disposent d'un « vocabulaire » plus limité (environ 20 sons). Toutefois, les chiens possèdent un éventail d'expressions faciales beaucoup plus large.

CHATS VERSATILES, CHIENS DOCILES

Candides
Hautains
Agiles
Tenaces
Superbes

Complices
Héroïques
Impatients
Expressifs
Nigauds
Sagaces

UN BREF HISTORIQUE

Depuis des siècles, les chats entretiennent une relation d'amour et de haine avec les humains. Ce sont des animaux très patients qui sont passés maîtres dans l'art d'observer leur environnement. Cela explique peut-être en partie pourquoi ils ont attendu quelque 10 000 ans après la domestication des chiens pour conclure un partenariat avec les humains. Domestiqués pour la première fois en Égypte il y a environ 9 000 ans, les chats étaient vénérés comme des dieux. Malheureusement, dans l'Europe du Moyen Âge, ils étaient associés à tort à la sorcellerie et à la superstition, et ont été massacrés par milliers.

Heureusement, ils ont fini par entrer dans les bonnes grâces des humains. Cette réhabilitation s'explique notamment par la nécessité de poster des chats dans les lieux de stockage des céréales et des denrées alimentaires, afin de tenir les rongeurs à distance. Par exemple, les chats étaient des membres d'équipage précieux à bord des navires d'exploration – sans eux, les rats et les souris auraient dévoré une bonne partie des provisions des marins. Aujourd'hui, les chats comptent parmi les animaux de compagnie les plus appréciés et les plus répandus. De fait, on compte davantage de chats que de chiens dans les foyers américains, 86 contre 78 millions. Beaucoup sont des stars d'Instagram suivies par des millions de fidèles. Désolée Médor !

Dans l'Égypte antique, on croyait que les pharaons bénéficiaient de la protection de Bastet, la déesse à tête de chat.

Depuis le Moyen Âge, les chats sont associés à la sorcellerie et à la superstition.

Parole de chat !

Les enfants et les chats entretiennent des relations d'amitié dans le monde entier. Impressionnez vos amis en apprenant à dire « chat » dans plusieurs langues :

- Arabe : *qetta*
- Cherokee : *wesa*
- Anglais : *cat*
- Allemand : *Katze*
- Hébreu : *h'atoule*
- Hawaïen : *popoki*
- Russe : *kochka*
- Thaï/vietnamien : *meo*
- Italien : *gatto*
- Espagnol : *gato*

ENCHANTÉ(E), MONSIEUR MINET

Même si les chats sont domestiqués depuis environ 9 000 ans, nombre d'entre eux se montrent prudents et un peu méfiants lorsqu'ils rencontrent quelqu'un pour la première fois. Ils ne viendront pas à votre rencontre en cavalant à la manière d'un chien fou.

Pour saluer un chat dans un refuge ou chez un ami, respectez cette règle : laissez-le faire le premier pas. Faites preuve de retenue. Les félins, exubérants ou timides, préfèrent faire de nouvelles rencontres à leur propre rythme. Autrement dit, pas de présentations forcées. Pas de gestes brusques. Pas de cris. Pas de regards fixes. Tous ces comportements sont susceptibles de pousser le chat à s'enfuir et à se cacher.

PRENEZ VOTRE TEMPS

Si le chat semble curieux mais reste un peu distant, essayez de l'amadouer avec des friandises ou des jouets. Lancez doucement une ou deux

Les signes à surveiller

Quand vous rencontrez un chat pour la première fois, observez-le. Un chat craintif rapprochera les pattes de son corps et baissera la tête pour paraître plus petit. Il cambrera le dos et aplatira les oreilles à votre approche, autant de signes qui montrent qu'il se sent menacé et risque de s'enfuir/vous griffer. Si vous vous approchez quand même, il risque de cracher pour vous tenir à l'écart. En revanche, si son regard est doux, ses oreilles et sa queue bien droites et son corps parfaitement détendu, il vous fait savoir qu'il se sent à l'aise en votre compagnie.

friandises à bonne distance afin qu'il puisse manger sans crainte d'être importuné. Ou bien lancez-lui un petit jouet. Certains chats adorent jouer mais n'aiment pas trop être caressés.

Le tempérament et les aptitudes sociales des chats sont très variables. Certains font tout de suite confiance aux inconnus, d'autres mettent du temps à s'ouvrir. En jouant l'indifférence et en les laissant faire le premier pas, vous aurez plus de chances de créer une relation de confiance. Rendez-vous à la page suivante pour découvrir ma méthode pour gagner le cœur d'un chat timide ou craintif.

LE COMMENTAIRE DE FÉLIX

Clignez doucement des yeux

Je vais vous dévoiler un secret. Une bonne façon de saluer un chat consiste à le regarder en clignant doucement des yeux. Puis attendez et observez sa réaction. Un chat réceptif vous répondra en clignant des yeux à son tour, et pourra même se mettre à ronronner. Quand je réponds ainsi à mes humains préférés, je reçois souvent une délicieuse friandise en retour. Miam !

SALUER UN CHAT INCONNU

1 **Déplacez-vous lentement et silencieusement, sans bouger les mains.** Parlez d'une voix douce et ne regardez pas directement le chat – un regard fixe peut être perçu comme menaçant par un félin méfiant. En fait, aussi difficile que cela puisse paraître, ignorez-le totalement.

2 **Asseyez-vous et laissez-le s'approcher.** Les chats sont curieux par nature, alors donnez-lui la possibilité de vous observer. Respirez lentement et calmement pour montrer que vous n'allez pas faire de geste brusque. Les chats sont capables de sentir votre état émotionnel et de savoir si vous êtes heureux, tristes, nerveux ou en colère.

3 **Lorsque le chat s'approche de vous, continuez à éviter tout contact visuel.** Attendez-vous à ce qu'il fasse « un pas en avant, deux pas en arrière » pendant qu'il vous jauge.

4 **Lorsqu'il est prêt, laissez-le faire le premier pas.** Il va peut-être toucher votre jambe avec sa truffe, renifler votre chaussure ou se frotter intrépidement contre vous. Respirez calmement et restez assis. Vous pouvez lui jeter un coup d'œil rapide puis détourner doucement le regard.

5 **Tendez votre index vers sa tête.** Tous les félins interpréteront ce geste comme une invitation à frotter leur joue contre votre doigt, soit l'équivalent félin d'une poignée de main. Laissez-le renifler votre doigt. Il va peut-être tourner la tête et laisser votre index glisser contre sa joue. Il peut également baisser la tête et venir la cogner contre vous.

6 **Faites courir votre doigt le long de son dos avec légèreté.** S'il apprécie, caressez-le avec toute la main, de la tête vers la queue. Évaluez s'il est disposé à accepter une caresse entre les oreilles ou une gratouille sous le menton. Observez bien son comportement et soyez prêts à vous interrompre à tout moment.

PENSEZ COMME UN CHAT

C'est l'heure d'une petite leçon de « chattitude » : que se passe-t-il dans la tête de nos félins ?

PRÉDATEURS ET PROIES. Vous savez probablement que les chats sont des prédateurs, c'est-à-dire qu'ils chassent et tuent de petits animaux, mais saviez-vous qu'ils peuvent aussi être des proies ? Cela leur confère une position inhabituelle dans le règne animal. Ils peuvent être de féroces chasseurs, mais ils se tiennent toujours sur le qui-vive, dans l'éventualité où un prédateur, comme un renard ou un faucon, passerait dans le coin.

PAS SI DISTANTS. Même si les chats ont la réputation d'être distants et asociaux, la plupart d'entre eux aiment être entourés de personnes familières et partageront volontiers leur foyer avec d'autres animaux. Il est vrai qu'ils sont plus indépendants que les chiens et ne rechignent pas à passer du temps seuls. Cela ne signifie pas pour autant qu'ils peuvent se débrouiller sans personne lorsque vous partez en vacances ! Ils ont toujours besoin d'attention et de compagnie.

LE COMMENTAIRE DE FÉLIX

Les chats ont des goûts bien à eux

On dit souvent que les chats sont difficiles, mais je ne suis pas d'accord. Nous sommes plus sélectifs que les chiens lorsqu'il s'agit de nous alimenter, peut-être parce que nous ne possèdont que 473 bourgeons gustatifs (contre 1 700 chez le chien). C'est pourquoi nous aimons les saveurs assez prononcées, souvent avec une odeur assez forte, comme le poisson. Miam !

BÂILLEMENTS ET ÉTIREMENTS. Bien qu'ils adorent jouer et partir en exploration, les chats ne dépensent pas beaucoup d'énergie. Comme beaucoup d'enfants, ils adorent dormir et détestent être réveillés. En fait, la plupart des chats dorment pas moins de 16 à 18 h par jour !

PAS DE SURPRISES. Les chats sont des créatures cantonnées dans leurs habitudes, qui apprécient la routine. Ils aiment savoir à quoi s'attendre, et quand. Par exemple, même s'ils ne portent pas de montre, ils savent quand il est l'heure de manger et à quel moment vous rentrez de l'école, et ils vous attendent de pied ferme.

DÉCODER LE LANGAGE DES CHATS

Une « conversation » entre chats se compose surtout de postures corporelles silencieuses. Mais les chats se rendent bien compte que les humains ne sont pas très réceptifs au langage corporel, pourtant si évident pour leurs congénères. Ils ont donc appris à émettre des sons ayant chacun leur propre signification, qu'ils utilisent uniquement pour communiquer avec nous. Plutôt malin, non ?

LES CHATS SONT FRANCS. Ils ne font jamais semblant. S'ils se sentent menacés ou en colère, ils sifflent, grondent, ou cherchent à s'enfuir. S'ils sont satisfaits, ils peuvent ronronner ou miauler de façon douce et amicale. Et ne croyez pas que les chats ne comprennent pas les mots magiques comme « friandise » et « manger », ni les ordres comme « Hé, descends de la table ! ».

Voici la signification de quelques sons émis par les chats.

GAZOUILLIS (OU ROUCOULEMENT). Ce trille musical produit par la gorge sonne presque comme une question. Lorsqu'il est adressé à une personne familière, il signifie « Je suis heureux que tu sois là » ou « Oh, te voilà ».

MIAULEMENT. Cette vocalisation agréable et aiguë vise à inciter les humains à satisfaire une demande, comme « Donne-moi à manger » ou « Gratouille-moi sous le menton ».

MIAULEMENT LONG. Cette vocalisation prolongée et insistante est émise par un chat mécontent parce que ses besoins ne sont pas satisfaits. Le chat vous informe que vous avez oublié de le nourrir ou qu'il veut sortir.

RONRONNEMENT. La plupart du temps, ce son grave et vibrant exprime la satisfaction. La chatte ronronne lorsqu'elle allaite ses chatons, c'est donc un son réconfortant pour sa portée. Toutefois, les chats ronronnent également lorsqu'ils ont peur, alors ne soyez pas surpris si votre chat ronronne chez le vétérinaire.

JACASSEMENT. Votre chat émet parfois ces petits cris lorsqu'il aperçoit un oiseau ou un écureuil par la fenêtre. Il signifie qu'il est à la fois excité par la vision de cette proie potentielle, et frustré de ne pas pouvoir l'attraper. Ne le caressez pas lorsqu'il fait cela ; si vous le prenez par surprise, il risque de sortir les griffes ou de vous mordre.

SIFFLEMENT. Ce cri de colère est facile à interpréter. Le chat vous dit de reculer. Un chat particulièrement furieux ou effrayé accompagnera le sifflement d'un crachement.

GROGNEMENT. Le plus souvent, un chat très en colère grogne contre un congénère pour lui faire comprendre qu'il s'expose à une bagarre si l'un des deux ne recule pas ou ne se retire pas. Un chat peut également émettre un grognement sourd pour protéger l'un de ses jouets préférés ou signaler qu'il n'a pas envie d'être caressé ou pris dans les bras. Tenez compte de cet avertissement, ou il risque de sortir les griffes.

LE COMMENTAIRE DE FÉLIX

Les coups de tête

Lorsque j'aime vraiment quelqu'un, je baisse la tête et je la cogne doucement contre son front – ponk ! C'est le moyen qu'ont trouvé les chats pour manifester leur profonde affection envers une personne qui compte pour eux. Nous marquons cette personne de notre odeur pour lui montrer qu'elle fait partie de notre cercle d'amis. Nous ronronnons aussi plus fort.

HURLEMENT. Ce cri prolongé n'est émis que par un chat furieux ou en grande souffrance. On l'entend le plus souvent lorsque deux chats rivaux se battent dehors. Si votre chat hurle lorsque vous le touchez, vous devez l'emmener consulter un vétérinaire.

QUIZ N° 1

1. Vrai ou faux : les chats peuvent voir dans l'obscurité totale.

2. Vrai ou faux : tous les chatons naissent avec les yeux bleus.

3. Vrai ou faux : les chats ronronnent uniquement lorsqu'ils sont contents.

4. Vrai ou faux : une race de chat est surnommée le « chat nageur ».

Voir les réponses à la p. 138.

DE QUELLE HUMEUR SUIS-JE ?

Tout comme vous, votre chat peut afficher un large éventail d'humeurs, de la joie à la tristesse en passant par la peur et la colère. Il peut être difficile de déterminer son humeur. Amusons-nous donc à jouer les détectives et cherchons des indices révélateurs.

Ses muscles sont tendus et ses oreilles aplaties. Si vous remarquez également des tressaillements de la peau accompagnés d'un grognement de mécontentement ou d'un hurlement, c'est que le chat se sent menacé, peut-être par un autre chat ou par un chien trop enthousiaste. Il se peut aussi qu'il souffre d'une blessure ou d'un problème médical. Dans ce cas, n'essayez pas de le caresser ni de le prendre dans votre bras. Si vous pensez qu'il est blessé, prévenez vos parents.

Il ronronne et se frotte contre vos jambes. Il est détendu et heureux et recherche votre affection. Il peut également vous regarder en clignant des yeux et essayer de sauter sur vos genoux.

Il s'affale avec décontraction. Le chat se sent en sécurité en votre compagnie et vous fait savoir qu'il a besoin d'attention. Contentez-vous de lui caresser la tête et les oreilles, mais pas le ventre, jusqu'à ce que vous ayez gagné sa confiance. Certains chats n'aiment pas qu'on leur touche le ventre.

Il court partout avec les yeux grands ouverts. Ce chat est en mode jeu. Il cherche à dépenser son trop-plein d'énergie et à faire fonctionner ses neurones. Joignez-vous à la fête en lui lançant une souris en peluche ou en agitant un plumeau.

LES OREILLES ET LA QUEUE : DES MARQUEURS D'HUMEUR

La position des oreilles et les mouvements de la queue en disent long sur l'humeur des chats.

Les oreilles d'un chat amical et confiant sont droites et détendues. Il tient sa queue à la verticale lorsqu'il salue ses humains préférés.

Un chat curieux dresse ses oreilles vers l'avant et peut remuer l'extrémité de la queue.

Un chat effrayé aplatit ses oreilles sur les côtés et ébouriffe sa queue pour paraître plus gros.

Un chat en colère ou menacé rabat ses oreilles en arrière et fait de grands mouvements de va-et-vient avec sa queue.

ANATOMIE DU CHAT

SES GRIFFES RÉTRACTILES lui servent à attraper ses proies et à agripper les surfaces. Il possède 5 griffes à chaque patte avant et 4 à chaque patte arrière, soit un total de 18 griffes.

SA COLONNE VERTÉBRALE SOUPLE lui permet de courir, bondir, sauter et retomber sur ses pattes.

SON PELAGE peut être court, mi-long ou long, et se décline en une infinité de couleurs et de motifs. Il le protège contre les conditions climatiques extrêmes.

SA QUEUE lui sert de gouvernail lorsqu'il court, grimpe ou nage, et est un bon baromètre de son humeur.

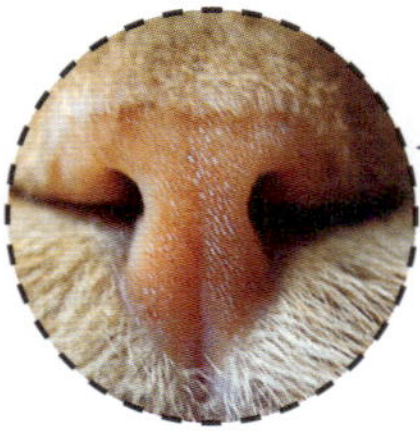

SA TRUFFE compte environ 200 millions de cellules olfactives (contre 5 millions environ pour le nez humain).

SES OREILLES sont dotées d'une vingtaine de muscles, ce qui lui permet de les orienter dans différentes directions et de repérer rapidement l'origine d'un son.

SES YEUX voient très bien dans l'obscurité et captent les mouvements, comme ceux d'une souris en fuite.

SES VIBRISSES détectent la présence d'une proie, traduisent son humeur et l'aident à s'orienter dans l'obscurité. Il y a aussi des vibrisses à l'arrière de chaque patte avant.

SA LANGUE est dotée de papilles cornées qui l'aident à se toiletter, à absorber l'eau et à racler la viande d'un os.

SES DENTS (au nombre de 30 chez un chat adulte) transpercent et déchirent la viande.

QUELQUES RACES DE CHAT TRÈS CONNUES

On compte environ trois fois plus de races de chiens que de chats, les chiens ayant été sélectionnés au fil des siècles pour accomplir des tâches spécifiques. La plupart des chats n'appartiennent pas à une race particulière, mais quelques races spéciales ont été sélectionnées, principalement sur la base de critères physiques. Si vous avez l'intention d'adopter un chat de race ou souhaitez obtenir des informations intéressantes sur le vôtre, poursuivez votre lecture !

MAINE COON. Ce gentil géant peut peser jusqu'à 8 kg, mais malgré sa taille, son miaulement ressemble à un doux gazouillis. Le Maine coon est très calme et s'entend généralement très bien avec les humains, les autres chats et même les chiens.

Les Maine coons possèdent des pattes velues, une longue queue touffue et des petites touffes de poils (plumets) au sommet des oreilles (voir page ci-contre).

PERSAN. Avec sa face aplatie, ses yeux ronds expressifs et sa longue fourrure soyeuse, le Persan est devenu l'une des races de chats les plus populaires en Amérique du Nord depuis son apparition lors la première exposition féline connue, qui s'est tenue en 1871 à Londres.

Les Persans sont généralement doux et intelligents et ne sont pas de grands bavards.

ABYSSIN. Avec son allure de chat sauvage et ses yeux verts ou dorés en amande, l'Abyssin est surnommé le « chat lapin » (*bunny cat* en anglais) en raison de la douceur de son pelage, qui évoque celui d'un lapin. Ce chat intelligent et acrobate a besoin de beaucoup d'attention et de séances de jeu régulières pour ne pas faire de bêtises.

L'Abyssin adore être entouré d'humains, mais n'aime pas trop venir sur les genoux.

SIAMOIS. Le siamois se caractérise par un corps longiligne et élancé, une tête triangulaire et de grands yeux bleus. Ce félin extraverti et avide d'aventures est un chat bavard qui babille souvent à la manière d'un bébé humain.

RAGDOLL. Il s'agit d'une race relativement récente, créée en Californie dans les années 1960. Le Ragdoll est un chat qui aime les humains et qui, lorsqu'on le porte, devient aussi mou qu'une poupée de chiffon, d'où son nom de « *ragdoll* » en anglais. Cette race de grande taille (les mâles peuvent peser jusqu'à 9 kg) est réputée pour sa douceur et sa gentillesse, même avec les enfants.

SPHYNX. Le Sphynx est un chat sans poils qui a l'apparence d'un extraterrestre sympathique avec ses grands yeux, ses grandes oreilles, sa peau ridée et sa longue queue maigre. Ces chats adorent jouer et se blottir sous une couverture pour rester au chaud.

JUSTE UN CHAT NORMAL, MERCI !

Contrairement aux chats décrits dans les pages précédentes, la plupart des chats ne possèdent pas de pedigree attestant qu'ils sont de race pure. Les refuges ou les vétérinaires les identifient généralement comme des « chats de gouttière à poils longs » ou des « chats de gouttière à poils courts », selon la longueur de leur pelage. La robe des chats de gouttière se décline en une grande variété de couleurs et de motifs (ou patrons). En tête de liste des couleurs les plus appréciées, on trouve les chats isabelle (écaille de tortue et blanc), écaille de tortue (ou *tortie*), noirs et blancs, et tigrés (ou *tabbies*) roux, qui peuvent avoir un pelage court, mi-long ou long. Voici quelques informations sur chacune d'entre elles.

Un chat isabelle

LES CHATS ISABELLE sont des chats tricolores, c'est-à-dire dont le pelage est généralement constitué de trois couleurs : blanc, noir (ou bleu) et roux (ou crème). Lorsque les couleurs sont bien séparées les unes des autres et ne se mélangent pas, on parle de chat « calico ».

LES CHATS ÉCAILLE DE TORTUE ou « torties », arborent deux couleurs ou plus, sans aucune trace de blanc. Il s'agit généralement de femelles, qui ont la réputation d'être assez fougueuses et indépendantes. Un foyer calme avec une routine bien installée leur conviendra mieux.

Une chatte écaille de tortue

LES CHATS TUXEDO sont entièrement noirs, à l'exception du poitrail, de la face et des pattes, qui sont blancs. Certains arborent beaucoup de blanc, d'autres juste un peu. Il existe une grande variété de combinaisons de noir et de blanc, mais les chats Tuxedo ont l'air d'avoir revêtu un élégant costume (« tuxedo » signifie « smoking » en anglais). Certains arborent même un nœud papillon ou une moustache ! En général, ils sont calmes et amicaux.

Un chat Tuxedo

LES CHATS TIGRÉS ROUX peuvent arborer une couleur plus ou moins foncée, du crème clair à l'orange tirant sur le brun. Leur pelage peut être marqué de rayures, de tourbillons et/ou de taches qui ajoutent à la beauté de leur robe. Les chats tigrés (ou tabbies) peuvent également être marron ou gris, et portent presque toujours une sorte de M sur le front. Les tigrés roux sont le plus souvent des mâles. Ils sont en général doux, intelligents, et avides d'aventure.

LE COMMENTAIRE DE FÉLIX

Vive les tigrés roux !

Les chats tigrés roux ont la réputation d'être extrêmement amicaux et joyeux ! Je suis un fier *tabby* roux toujours prêt à explorer de nouveaux horizons, apprendre de nouveaux tours et me faire de nouveaux amis. Je m'entends aussi très bien avec les chiens de la maison !

Un chat tigré roux

ADOPTER UN CHATON OU UN CHAT ADULTE ?

Chaque choix présente des avantages et des inconvénients. Avant de prendre votre décision, réfléchissez bien aux points suivants en famille. Il est très probable que votre nouveau compagnon vous accompagnera pendant de nombreuses années.

CHATON (MOINS D'1 AN). Les chatons sont adorables et très drôles, mais ce sont des bébés qui ne sont pas encore éduqués. Pleins d'énergie et très curieux, ils peuvent vous donner du fil à retordre la première année. En outre, ils grandissent rapidement, atteignant généralement 95 % de leur taille adulte avant leur premier anniversaire. En socialisant et en éduquant votre chaton, vous avez une influence importante sur son développement et sa personnalité, mais certains traits de caractère sont innés. Un chaton timide et calme le restera probablement.

CHAT ADULTE (1 À 12 ANS). Vous ne devriez pas avoir de surprises en

Les chatons sont adorables mais espiègles.

termes de personnalité et de goûts avec les chats de cet âge. En général, les jeunes adultes sont plus calmes que les chatons, mais toujours partants pour une séance de jeu. Un chat plus âgé s'adaptera probablement plus facilement à votre foyer, et saura peut-être même s'y prendre avec les chiens. Si vous l'adoptez en refuge, le personnel vous aidera à choisir le compagnon le plus adapté à votre famille.

CHAT SENIOR (12 ANS OU PLUS). Certains chats vivent plus de 20 ans. Si votre famille opte pour un senior, vous pourrez encore profiter de sa compagnie pendant de nombreuses années. Les seniors s'adaptent généralement très bien à leur nouveau foyer. Bien sûr, certains peuvent présenter des problèmes de santé, comme de l'arthrite, mais cela ne les empêchera pas forcément de courir après un jouet dans le couloir !

Quel que soit l'âge du chat que vous choisissez, faites-le examiner par votre vétérinaire. Les chatons ont besoin de vaccins au cours de leur première année de vie, et doivent également être stérilisés. Les chats plus âgés ont également besoin de quelques injections et doivent se soumettre à un bilan de santé incluant un examen dentaire.

Les chats adultes sont plus calmes, mais ils sont toujours partants pour jouer.

QUEL ÂGE A RÉELLEMENT VOTRE CHAT ?

L'âge d'un chat peut être difficile à déterminer. Contrairement aux chiens, les chats n'ont pas le museau qui grisonne lorsqu'ils prennent de l'âge. Les vétérinaires considèrent qu'un chat d'un an correspond à peu près à une personne de 15 ans. Cela signifie qu'au moment où votre chat fête son premier anniversaire, il est en pleine adolescence ! Consultez ce tableau pour avoir une idée approximative de l'équivalent humain de l'âge de votre chat.

Âge du chat	Équivalent humain	Âge du chat	Équivalent humain
1	15	7	44
2	24	8	48
3	28	9	52
4	32	10	56
5	36	11	60
6	40	12	64

2 mois

13 = 68

14 = 72

15 = 76

16 = 80

17 = 84

18 = 88

19 = 92

20 = 96

VIVRE AVEC UN CHATON

Votre première année de cohabitation avec un chaton est l'année de tous les dangers ! Les chatons, qui grandissent rapidement, sont très énergiques, prompts à jouer les explorateurs et ont constamment faim. Ils ont besoin de s'amuser et de dormir énormément. Soyez patient pour que votre chaton comprenne la différence entre le jour et la nuit.

Les chatons doivent apprendre les bonnes manières et les règles de la maison. C'est l'âge idéal pour lui faire découvrir des tours amusants (voir pp. 97 à 107). Vous pouvez aussi l'habituer à lui brosser les dents et lui couper les griffes. Mettez en place une routine de toilettage dès les premiers jours, pour qu'il accepte, à l'âge adulte, de vous laisser vous occuper de sa pédicure et de son hygiène dentaire !

Les chatons ont besoin d'aliments spécialement conçus pour eux pour grandir correctement. En moyenne, un chaton grandit rapidement jusqu'à l'âge de 7 mois environ, puis gagne régulièrement du poids jusqu'à son premier anniversaire. Ne vous inquiétez pas si votre jeune chaton semble chétif. Toutefois, il ne doit pas être efflanqué ni ballonné (ces situations justifient une visite chez le vétérinaire).

LE COMMENTAIRE DE FÉLIX

J'étais tout fou !

Petit, j'adorais foncer à travers la pièce, bondir sur ses orteils au beau milieu de la nuit. J'avais beaucoup d'énergie et aucune manière. Mais Arden s'est montrée patiente avec moi, et maintenant je suis un adulte bien élevé.

DIY

Abri super simple

Les chats adorent disposer d'un refuge douillet où se pelotonner. Voyons ce que votre chat va penser de cette cachette très simple à réaliser.

Une boîte en carton juste suffisamment grande pour que votre chat puisse tenir à l'intérieur

Un vieux T-shirt assez grand pour recouvrir toute la boîte

1. Rentrez ou découpez les rabats supérieurs de manière à ouvrir un côté de la boîte.

2. Enfilez le T-shirt par-dessus la boîte, en plaçant le col du côté de l'ouverture.

3. Rentrez les manches à l'intérieur du T-shirt et faites un nœud avec le bas du T-shirt du côté opposé à l'ouverture. (Utilisez de la ficelle si nécessaire).

4. Placez un petit oreiller ou une serviette pliée à l'intérieur de la boîte pour créer un petit coin douillet pour votre minet.

La plupart des chats ne peuvent pas s'empêcher d'explorer une ouverture !

DIY

Château créatif

Utilisez votre imagination pour créer un espace à plusieurs niveaux doté de plusieurs ouvertures, où votre chat pourra se cacher et jouer.

- Plusieurs boîtes de différentes tailles
- Ciseaux ou cutter
- Colle
- Chutes de tissu, perles, jouets pour chats ou autres objets amusants
- Griffoir (facultatif)

Vous pouvez utiliser une seule boîte, mais les chats adorent avoir à leur disposition plusieurs niveaux pour jouer, il est donc préférable d'en utiliser plusieurs. Déterminez comment vous souhaitez les assembler, puis découpez quelques trous dans chaque boîte. Faites des trous suffisamment grands pour que votre chat puisse s'y faufiler tout entier, et d'autres juste assez grands pour qu'il puisse y passer une patte.

Collez les boîtes ensemble et laissez sécher avant de décorer votre création avec des bandes de tissu et des jouets suspendus. Vous pouvez aussi ajouter un griffoir (fabriqué à partir d'un tube postal enveloppé de toile de jute), comme sur la page ci-contre.

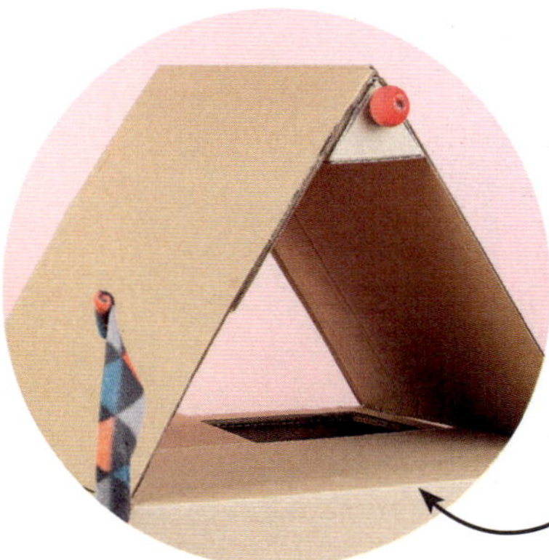

Vous pouvez aussi ajouter un grenier accessible par le plafond !

2

UN FOYER BIEN ORGANISÉ

pour un chat heureux

L'adoption d'un chaton ou d'un chat adulte n'est pas un acte anodin, et implique une grande responsabilité. Les chats ne sont pas des jouets que l'on peut allumer quand on a envie de s'amuser, et ignorer quand on n'a pas envie de s'en occuper. Votre chat dépend de vous au quotidien pour se nourrir, jouer, disposer d'une litière propre pour faire ses besoins et de plusieurs endroits confortables pour faire la sieste. Il est important que vous vous mettiez dans sa peau pour comprendre ses besoins et veiller à ce qu'il reste en bonne santé et ronronne de bonheur. Car rien n'est trop beau pour votre copain félin !

CHAT D'INTÉRIEUR OU D'EXTÉRIEUR ?

Chaque famille doit prendre une décision importante concernant son chat : vivra-t-il strictement à l'intérieur, ou aura-t-il le droit de sortir, sous surveillance ou à volonté ? Beaucoup de facteurs sont à prendre en compte. Pour un chat adulte, par exemple, votre décision dépendra peut-être de l'animal et de ce qu'il a vécu avant son adoption. L'objectif ultime est de permettre à votre matou de vivre en sécurité et en bonne santé tout en restant actif et épanoui. Pesez le pour et le contre à l'aide du tableau de la p. 54, et discutez de votre situation familiale avec votre vétérinaire.

Le meilleur compromis selon moi : gardez votre chat à l'intérieur la majeure partie du temps et mettez à sa disposition des arbres à chats sympas dans toute la maison, mais offrez-lui également un accès sécurisé et sous surveillance à l'extérieur.

INTÉRIEUR/EXTÉRIEUR : LE POUR ET LE CONTRE

CHATS D'INTÉRIEUR

POUR	CONTRE
Vivent généralement plus longtemps et en meilleure santé.	Peuvent s'ennuyer et adopter un comportement destructeur s'ils n'ont pas l'occasion de jouer ou de faire de l'exercice.
Vont moins souvent chez le vétérinaire du fait qu'ils se bagarrent moins et ont moins d'accidents et de maladies.	Peuvent miauler beaucoup ou être toujours en quête d'une porte ouverte où s'engouffrer.
Ne risquent pas de consommer des plantes toxiques ou de s'empoisonner en lapant des substances nocives, comme de l'antigel.	Risquent de se retrouver en surpoids si leurs repas ne sont pas correctement proportionnés, du fait qu'ils font moins d'exercice.
S'attachent généralement davantage du fait que vous passez plus de temps ensemble.	

CHATS D'EXTÉRIEUR

POUR	CONTRE
Font beaucoup d'exercice du fait qu'ils ont la possibilité de libérer le chasseur qui sommeille en eux.	Risquent d'être renversés par une voiture, pris en chasse par des chiens, ou dévorés par des prédateurs.
Peuvent grimper aux arbres et profiter du soleil sans harnais ni laisse.	Risquent de se perdre et de ne pas réussir à retrouver la maison.
	Vont probablement tuer des oiseaux et d'autres petits animaux – ce qui est mauvais pour les oiseaux et expose les chats à des parasites et des maladies.
	Attrapent plus facilement des puces et des tiques.

QUESTION AU VÉTO

Quelles plantes sont dangereuses pour les chats ?

— Suzanne, 12 ans

Malheureusement, j'ai déjà traité des centaines de cas d'empoisonnement, et bien souvent, ces incidents auraient pu être évités si les maîtres avaient su que certaines plantes poussant autour de leur domicile sont toxiques pour les chats. En tête de liste, les lys, en particulier les lys de Pâques. Ils sont potentiellement mortels pour les chats si ces derniers lèchent du pollen sur leurs pattes, ou grignotent seulement quelques feuilles.

D'autres plantes communes sont également toxiques pour les chats, comme les azalées, les chrysanthèmes, le lierre grimpant, les géraniums, les lauriers-roses et les tulipes. Pour obtenir une liste complète, consultez le site de l'Association pour la promotion de la santé animale (APSANA).

Si votre chat a du mal à respirer, s'il bave, vomit ou si son rythme cardiaque est rapide, demandez à vos parents de l'emmener à la clinique vétérinaire la plus proche, car il s'agit d'une urgence vitale.

— Dr LoSasso, vétérinaire urgentiste

ACCESSOIRES D'INTÉRIEUR

Un chat d'intérieur a besoin d'avoir son propre espace. Aménagez-lui quelques petits coins où il pourra se réfugier, faire la sieste ou se défouler.

CHOISISSEZ UNE FENÊTRE AVEC UNE VUE DÉGAGÉE et installez-y un perchoir sur lequel il pourra se poster pour observer ce qui se passe à l'extérieur. Si cette fenêtre donne sur des mangeoires à oiseaux, votre chat aura sa propre télévision !

INSTALLEZ UN ARBRE À CHAT DOUILLET pour quil se perche en hauteur, passe par des ouvertures, fasse ses griffes et la sieste, et s'amuse avec des jouets suspendus. Une aire de jeu bien à lui !

METTEZ À SA DISPOSITION UNE PETITE CACHETTE dans laquelle il peut se réfugier pour faire la sieste. Vous pouvez acheter un abri cube ou en fabriquer un à partir d'une boîte en carton solide (voir p. 48).

SI DES PILIERS DE SOUTIEN sont présents dans l'une des pièces, entourez-les d'une épaisse corde en sisal pour que votre chat exercer ses talents de grimpeur sur ce « tronc » intérieur.

UN PARCOURS MURAL permet aux chats de se déplacer en hauteur à l'intérieur d'une pièce, ce qu'ils apprécient particulièrement ! Vos parents accepteront peut-être de réaliser une passerelle à l'aide d'étagères d'environ 60 cm de large. N'oubliez pas de lever les yeux – votre chat est peut-être en train de rôder au-dessus de votre tête !

LE COMMENTAIRE DE FÉLIX

Bien l'identifier

Arden m'a fait pucer chez le vétérinaire (c'était rapide et indolore). Une puce électronique de la taille d'un grain de riz est insérée entre mes omoplates. Elle contient les coordonnées du vétérinaire et celles d'Arden. Elle m'a également acheté un collier avec mon nom et son numéro de portable. Ainsi, je suis élégant et tout le monde sait comment je m'appelle !

Un arbre à chat est une sorte d'aire de jeu !

SÉCURISER L'EXTÉRIEUR

Si vous ne disposez pas d'une cour sécurisée, vous pouvez créer un enclos extérieur dans lequel vous pourrez l'installer pendant que vous jouez ou que vous jardinez dehors. Vous pouvez simplement utiliser une grande cage pour chien ou opter pour une solution plus originale, comme un poulailler reconverti – il existe de nombreux modèles en ligne.
Mettez toujours un harnais à votre chat lorsque vous vous déplacez entre la maison et l'enclos afin d'éviter qu'il ne s'enfuie, et ne le laissez jamais dehors sans surveillance.

AUTRE AMÉNAGEMENT POSSIBLE : UN « CHATIO ». Il s'agit d'un espace clos adjacent à votre domicile auquel votre chat peut accéder par une fenêtre ou une ouverture spéciale. Il pourra ainsi se prélasser au soleil et observer tout ce qui se passe à l'extérieur à l'abri des prédateurs et des autres dangers. Ce « chatio » peut être plus ou moins élaboré, en fonction de votre budget et des compétences en bricolage de votre famille.

SI VOUS AVEZ UN BALCON, veillez à ce que votre chat ne puisse jamais

y accéder sans surveillance. Même si vous êtes présents, il doit porter un harnais et être attaché à une laisse. Vous ne voudriez pas qu'il saute ou tombe et se blesse. Demandez à vos parents s'ils peuvent installer une moustiquaire ou un filet de sécurité résistant aux intempéries pour protéger votre chat lorsqu'il prend l'air. Une autre solution consiste à apprendre à votre chat à porter un harnais et à marcher en laisse pour que vous puissiez l'emmener se promener dans votre jardin ou dans la rue (p. 60). Vous pouvez aussi lui apprendre à se promener dans une poussette pour animaux (p. 108).

LE COMMENTAIRE DE FÉLIX

J'adore ma tente portative !

J'avais l'habitude de m'asseoir à la fenêtre et de pousser des miaulements de protestation à la vue des chiens s'ébattant dans le jardin. Arden m'a donc acheté une tente pour chats avec des fenêtres en maille et une porte zippée. J'adore passer du temps sur la terrasse, renifler les odeurs et participer en toute sécurité aux activités familiales en extérieur.

PAR ICI, MINET !

Les chats ne sont pas tous capables de marcher en laisse, mais cela vaut la peine d'essayer si votre minet est curieux et confiant. L'apprentissage est plus simple avec un chaton, mais si vous faites preuve de patience, vous pourriez être surpris du résultat. Utilisez un harnais pour chat correctement ajusté, la laisse étant attachée à l'anneau en D. N'attachez jamais la laisse à un collier, car la plupart des colliers pour chats sont équipés d'un dispositif anti-étranglement qui leur permet de rompre facilement, et vous ne voudriez pas risquer de blesser votre compagnon au cou.

Éveillez la curiosité de votre chat en laissant traîner la laisse et le harnais à un endroit où il passe souvent, à côté de son coin à sieste préféré ou de sa gamelle par exemple. Une ou deux fois par jour, présentez-lui la laisse et le harnais et récompensez-le avec une friandise s'il les renifle ou les tapote du bout de la patte. Faites glisser la laisse sur le sol pour inciter votre chat à jouer avec. L'objectif est de créer une association positive avec la laisse. Procédez ainsi pendant quelques jours, jusqu'à ce qu'il soit habitué à ces nouveaux objets.

Lorsque votre chat est d'humeur calme et détendue, posez le harnais sur son corps sans l'attacher. Donnez-lui une friandise. Laissez-le s'habituer à la sensation du harnais. Répétez l'opération pendant quelques jours avant d'essayer d'enfiler et de fermer le harnais, sans le serrer au début. Procédez avec douceur et ne forcez pas. Si votre chat s'agite, retirez calmement le harnais et reposez-le sur lui. À terme, vous devriez pouvoir régler le harnais de manière qu'il soit correctement ajusté, mais pas trop serré - vous devez pouvoir passer un doigt entre son corps et les sangles.

Habituez-le à porter le harnais dans la maison (en lui donnant beaucoup de friandises). Ensuite, attachez la laisse et laissez-la traîner au sol (encore des friandises !). Au bout de quelques jours, demandez à une autre personne de tenir l'extrémité de la laisse pendant que vous invitez votre chat à venir vers vous pour chercher une friandise. Cela l'aidera à s'habituer à la sensation de la laisse au-dessus de son corps.

Une fois que votre chat accepte de marcher en laisse dans la maison, essayez de le promener dans un espace clos extérieur, comme un jardin clôturé ou une arrière-cour. Les premières sorties ne doivent pas durer plus d'une minute ou deux. Augmentez progressivement la durée à mesure qu'il s'habitue. Soyez attentif aux chiens ou aux voitures qui passent, ou à d'autres situations susceptibles de l'effrayer.

Faites preuve de patience et admettez que les chats tenus en laisse ne sont pas des petits chiens. La plupart des chats qui acceptent de se promener en laisse décident eux-mêmes quand marcher, à quel rythme et dans quelle direction. Laissez-le flairer l'environnement ou se coucher dans l'herbe, si c'est ce qu'il a envie de faire.

Les chats n'acceptent pas tous de marcher en laisse, mais c'est une formidable solution si vous avez la patience d'essayer.

ÉTABLISSEZ UNE LISTE DES TÂCHES

L'arrivée d'un chaton ou d'un chat peut être un moment exaltant pour votre famille. Chacun veut jouer avec le nouveau venu, mais il est important d'établir une liste des tâches quotidiennes afin que toute la famille puisse prendre soin de lui. Si vous possédez déjà un chat mais que personne n'est véritablement chargé de s'en occuper, il est temps de prendre ses responsabilités. Demandez à chacun de s'inscrire pour effectuer une tâche, et affichez un calendrier hebdomadaire ou mensuel à la vue de tous, par exemple sur le réfrigérateur. Cochez les tâches accomplies chaque jour, afin de ne rien oublier. Puis prenez du recul et félicitez-vous, car voilà une bonne habitude de prise. Après tout, vous contribuez à rendre la vie de votre chat encore plus belle.

LE COMMENTAIRE DE FÉLIX

Tic-tac, c'est l'heure de manger !

Je n'ai pas besoin d'une montre pour connaître l'heure. Surtout quand c'est l'heure du repas ! Voilà pourquoi chaque matin à 6 h et chaque soir à 17 h pile, je m'organise un petit face-à-face avec Arden. Je cligne des yeux, je ronronne et je la conduis à la cuisine où je me poste poliment (d'accord, je miaule très fort) près du réfrigérateur, où je sais qu'elle range ma boîte de pâtée. Ce stratagème fonctionne à chaque fois !

REPAS : mesurez la bonne portion de croquettes et/ou de pâtée. Vous ne voudriez surtout pas gaver votre ami félin et lui faire prendre du poids.

EAU : les chats ne boivent pas autant que les chiens, mais ils ont besoin de rester hydratés. Renouvelez sa gamelle d'eau tous les jours.

LITIÈRE : voir le protocole d'entretien du bac à litière à la p. 64.

JEU : passez au moins 10 à 15 minutes par jour en tête-à-tête avec minet. Apprenez-lui un nouveau tour, faites-lui des câlins, lisez-lui des histoires ou secouez un plumeau devant sa tête pour le faire jouer.

TABLEAU DES TÂCHES

TÂCHE	LUNDI	MARDI	MERCREDI	JEUDI	VENDREDI	SAMEDI	DIMANCHE

Un exemple du tableau des tâches à afficher par exemple sur le réfrigérateur.

BROSSAGE : en fonction du pelage de votre chat, vous devrez peut-être le peigner ou le brosser quotidiennement, ou une ou plusieurs fois par semaine. N'attendez pas que son pelage s'emmêle. Les nœuds sont douloureux et peuvent frustrer les chats, pour qui la toilette est une affaire sérieuse.

GRIFFES : environ une fois par mois, vérifiez la longueur et l'état des griffes de votre chat en appuyant doucement sur chaque coussinet pour les faire sortir une à une. Rendez-vous à la p. 120 pour en savoir plus sur la coupe des griffes.

ENTRETIEN DU BAC À LITIÈRE

Nous sommes tous d'accord pour dire que le nettoyage des « toilettes » de votre chat n'est pas la tâche la plus agréable qui soit. Toutefois, les chats sont tatillons. Ils n'aiment pas les litières sales et malodorantes, mais ils n'ont pas la possibilité de tirer la chasse comme vous. Prenez de bonnes habitudes et veillez à nettoyer quotidiennement le bac à litière de votre chat.

Vous devrez peut-être essayer différents types de bacs avant qu'il fasse un choix. Certains aiment les modèles couverts, d'autres préfèrent les bacs larges et peu profonds. Si vous avez plusieurs chats, prévoyez un bac à litière pour chacun d'entre eux, plus un bac supplémentaire. Cela peut sembler beaucoup, mais les chats sont des animaux territoriaux, et en leur donnant le choix, vous éviterez qu'ils fassent leurs besoins derrière le canapé ou dans votre penderie. Placez les bacs à litière à un endroit offrant une certaine intimité.

Remplissez chaque bac de litière à hauteur de 5 à 8 cm. Le choix de litières est

très vaste et, là encore, certains chats ont leurs préférences. Évitez les litières parfumées et celles qui produisent beaucoup de poussière. Ces litières rebutent la plupart des chats, qui sont alors susceptibles de chercher à faire leurs besoins ailleurs.

TOUS LES JOURS : ramassez les amas d'urine et les excréments et mettez-les dans un sac que vous pouvez fermer et jeter à la poubelle. À moins d'utiliser une litière spécialement conçue pour être jetée dans les toilettes, ne la jetez surtout pas dans la cuvette, sauf si vous voulez recevoir une grosse facture du plombier, ce qui ne plairait certainement pas à vos parents.

UNE FOIS PAR MOIS : videz tout le contenu du bac à litière dans un sac-poubelle. Rincez le bac avec de l'eau chaude savonneuse ; le liquide vaisselle convient parfaitement. N'utilisez jamais d'eau de Javel ou de détergents parfumés au citron. Les chats détestent ces odeurs fortes. Laissez le bac à litière sécher complètement, puis versez-y de la litière propre.

QUAND C'EST NÉCESSAIRE : au bout d'un certain temps, le bac à litière s'use, et les marques d'usure retiennent les odeurs et les germes. Il est impossible de nettoyer parfaitement ces bacs usés, il est donc préférable de les remplacer.

Une fois que votre chat sait où se trouve la litière, vous pouvez compter sur lui pour l'utiliser régulièrement.

LA SÉCURITÉ AVANT TOUT

Les chats adorent explorer leur environnement et découvrir de nouveaux endroits où faire la sieste et grimper. Votre félin a besoin que vous veilliez à sa sécurité. En un clin d'œil, il peut se prendre une griffe dans le tapis, s'étouffer avec un morceau de ficelle, ou filer par une porte ouverte.

Prenez l'habitude de savoir où se trouve votre chat. Lorsque vous fermez une porte en quittant une pièce, ou que vous refermez un placard, vérifiez qu'il ne se trouve pas à l'intérieur.

CUISINE

* Fermez les tiroirs et les placards.
* Faites-le sortir de la cuisine lorsque vous manipulez des casseroles brûlantes, afin qu'il ne risque pas de vous faire trébucher en se mettant dans vos pattes.
* Rangez dans un tiroir les petits objets qu'il risquerait d'avaler, comme les élastiques.
* Ne laissez pas traîner de nourriture. Certains aliments pour les humains peuvent rendre les chats très malades (voir p. 74).

AUTRES PIÈCES

* Vérifiez les écrans de protection de chaque fenêtre afin de vous assurer qu'ils sont assez robustes et correctement fixés.
* Rangez les objets avec lesquels il risquerait de s'étouffer : pièces de jeux et de puzzle, cordons.
* Rangez vos objets précieux et fragiles dans une armoire ou sur une étagère en hauteur afin d'éviter qu'il les fasse tomber lors de ses séances d'exploration.
* Avant de vous asseoir dans un fauteuil inclinable ou une chaise à bascule, vérifiez que votre chat ne fait pas la sieste en dessous.

LE COMMENTAIRE DE FÉLIX

Encore raté !

J'adore manger, même des aliments qui ne sont pas bons pour moi. Je suis capable de sauter sur le plan de travail de la cuisine en toute discrétion. C'est pourquoi Arden place les restes des repas dans le micro-ondes le temps qu'ils refroidissent. Elle range la vaisselle dans l'évier et le recouvre d'une planche à découper jusqu'au moment de faire la vaisselle.

SALLE DE BAINS ET BUANDERIE

- Fermez l'abattant des toilettes pour éviter que votre chat boive l'eau de la cuvette ou joue avec.
- Vérifiez que votre chat ne se trouve pas dans la pièce avant de la quitter et de fermer la porte.
- Rangez la lessive et les détergents hors de sa portée.
- Fermez toujours le hublot de la machine à laver et du sèche-linge et vérifiez que Minet ne se trouve pas à l'intérieur avant de les utiliser.

POUR DES FÊTES SEREINES

C'est trop tentant !

Les réunions de famille ou d'amis peuvent rassembler beaucoup d'invités (dont certains avec leurs animaux). Les changements de routine et de décor peuvent attiser la curiosité de votre chat ou le stresser.

Voici quelques conseils pour éviter que les festivités ne se terminent par une visite en urgence chez le vétérinaire.

SI VOUS INSTALLEZ DES DÉCORATIONS, optez pour des bougies à piles afin d'éviter que votre chat trop curieux ne se brûle avec les flammes ou la cire chaude. Suspendez les décorations fragiles hors de sa portée. N'utilisez pas de guirlandes – elles sont trop tentantes et il pourrait s'étouffer s'il s'amuse à les mâchouiller.

Jouets : attention danger !

Les chats ont souvent des jouets préférés, et certains peuvent être mis à rude épreuve, surtout les peluches. Lorsque ces jouets sont sales et en mauvais état, remplacez-les. Si votre chat troue une peluche, jetez-la. Inspectez tous les jouets comportant des plumes ou des ficelles. Retirez les pièces qui ne sont pas bien fixées, et ramassez celles qui tombent au sol pendant la séance de jeu. Les jouets en plastique peuvent abriter des bactéries après un certain temps. Remplacez ceux qui sont ébréchés ou fissurés.

AMÉNAGEZ UN ENDROIT SÉCURISÉ où il peut se réfugier lorsque vous recevez des invités. Certains chats sociaux voudront peut-être se joindre à la fête, mais un chat timide préférera se mettre en retrait. Trouvez-lui une pièce confortable, et mettez à sa disposition des jouets, des friandises, de l'eau et un bac à litière. Affichez un panneau « Ne pas entrer - Chat tranquille à l'intérieur » sur la porte pour informer les invités.

GARDEZ LES ALIMENTS TENTANTS HORS DE SA PORTÉE. Si votre chat tente de voler de la nourriture sur le plan de travail, confinez-le dans une pièce fermée ou dans un autre lieu sécurisé, à l'écart de la cuisine. Rendez-vous à la rubrique « Nourriture humaine : autorisée ou interdite ? » (p. 74) pour consulter la liste des aliments humains mauvais pour les chats.

Insupportablement mignon !

TOUT CE QU'IL FAUT SAVOIR SUR SON ALIMENTATION

La clé de la santé de votre chat réside dans sa gamelle. Les chats ont besoin d'une certaine quantité de protéines de haute qualité pour que leurs muscles, leurs organes et leurs os fonctionnent correctement. Assurez-vous que la nourriture de votre chat est composée de viande véritable et non de sous-produits animaux (le premier ingrédient figurant sur l'étiquette doit être du poulet ou du bœuf). Ne vous laissez pas décontenancer par l'odeur de la plupart des aliments pour chats. Comme les chats ne possèdent pas beaucoup de bourgeons gustatifs par rapport aux autres mammifères, ils se fient à leur odorat pour choisir leur nourriture. Tout comme vous, votre chat a des préférences alimentaires. Avez-vous remarqué comme sa langue est rugueuse ?
Les papilles cornées qui la recouvrent l'aident à détecter la forme et la texture des aliments.

SERVEZ-LUI DES PETITES PORTIONS. En lui proposant 2 ou 3 petits repas par jour, votre chat savourera chaque bouchée, ne mangera ni trop ni trop vite et ne vomira pas tout quelques minutes plus tard.

MESUREZ LES QUANTITÉS. Le vétérinaire vous aidera à déterminer les portions quotidiennes de votre chat en fonction de son âge, de son état de santé et de son activité.

LIMITEZ LES FRIANDISES. Si vous aimez lui donner des friandises ou si vous les utilisez à des fins éducatives, réduisez un peu sa ration alimentaire afin qu'il n'absorbe pas trop de calories. Les friandises ne doivent pas représenter plus de 10 % de sa ration quotidienne.

FAITES PREUVE D'IMAGINATION POUR LE FAIRE BOIRE. Les chats ne sont pas de grands buveurs, ce qui les expose à un risque de déshydratation. Pour augmenter la consommation d'eau de votre chat, pensez à lui servir de la nourriture en conserve, ou ajoutez quelques cuillères à soupe de bouillon de viande sans sel à sa nourriture sèche pour la rendre plus appétissante. Vous pouvez également mettre à sa disposition une fontaine à eau. Les chats adorent boire l'eau qui coule et jouer avec.

ATTENTION À L'HYGIÈNE. Rincez sa gamelle et renouvelez l'eau tous les jours.

De nombreux chats adorent boire l'eau qui coule et jouer avec

ALIMENTS SECS OU ALIMENTS HUMIDES ?

Les propriétaires de chats sont divisés sur la question des aliments humides ou secs, ou un mélange des deux. Certains chats aiment le croquant de la nourriture sèche, quand d'autres apprécient la texture moelleuse de la pâtée en boîte. La plupart des nutritionnistes animaliers s'accordent à dire que vous pouvez laisser votre chat choisir, tant que vous lui proposez une nourriture de haute qualité composée principalement de protéines, et non de glucides. Il existe de nombreux types de régimes alimentaires spécialement conçus pour les félins. Demandez à votre vétérinaire quel est le meilleur choix pour votre compagnon.

ALIMENTS SECS

POUR	CONTRE
Généralement moins coûteux que des aliments humides de qualité équivalente	Peuvent contenir des agents de texture ou des glucides qui donnent du volume mais n'ont pas un grand intérêt nutritionnel
Ne nécessitent pas d'être placés au réfrigérateur, ne s'abîment pas et ne sèchent pas s'ils restent dans la gamelle	Contiennent beaucoup moins d'humidité, les chats doivent donc boire davantage d'eau pour rester correctement hydratés
Possibilité de les laisser en grande quantité dans la gamelle si vous avez besoin de vous absenter toute la journée ou pendant une nuit	Sont plus susceptibles d'entraîner une prise de poids, surtout si la gamelle est toujours pleine

ALIMENTS HUMIDES

POUR	CONTRE
Contiennent davantage d'humidité, les chats restent donc mieux hydratés	Généralement plus coûteux que des aliments secs de qualité équivalente
Leur odeur plus forte et leur texture plus savoureuse peuvent convaincre les consommateurs les plus âgés et les plus difficiles	Les portions non servies doivent être placées au réfrigérateur ; les portions non consommées doivent être jetées
Facilitent l'administration de certains médicaments	Plus malodorants et sales

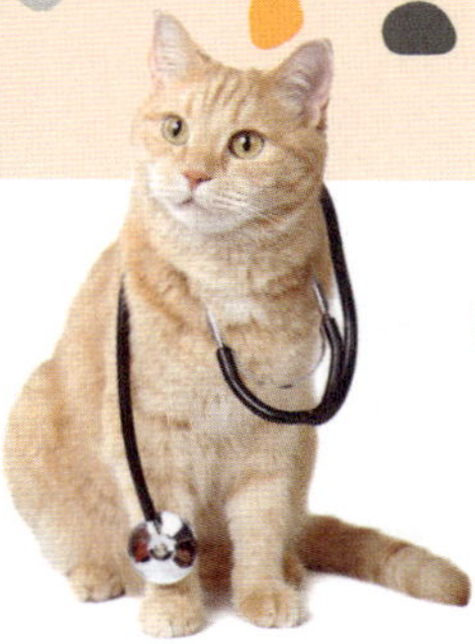

QUESTION AU VÉTO

Pourquoi certains chats halètent-ils ?

— Marguerite, 7 ans

Avez-vous déjà vu un chat en sueur ? Je parie que non ! C'est parce que les chats ne transpirent pas comme les humains. Même s'ils transpirent légèrement des pattes, cela ne suffit pas à les rafraîchir quand la température monte. Ils font circuler l'air à l'intérieur de leur organisme en inspirant l'air plus frais du dehors et en haletant pour évacuer l'air chaud, à la manière d'un système de climatisation félin.

— Dr Lippman, vétérinaire

NOURRITURE HUMAINE : AUTORISÉE OU INTERDITE ?

Certains chats apprécient la nourriture humaine, même les fruits, par exemple. Vous pouvez faire goûter votre repas à votre chat, mais seulement *en toute petite quantité* et *occasionnellement*. Ne lui proposez que des friandises saines. Certains aliments bons pour vous ne lui conviennent pas. Voici la liste de 10 aliments sûrs et de 10 aliments dangereux.

LE COMMENTAIRE DE FÉLIX

Je préfère les gamelles larges et peu profondes

Les chats possèdent de longues moustaches, qui leur servent à se repérer dans l'espace. Au moment de manger, elles peuvent se tordre si le repas nous est servi dans une gamelle trop profonde, ce qui est très désagréable.

AUTORISÉ

- Poulet ou poisson cuit
- Bœuf cuit (sans gras ni cartilage)
- Crème aigre
- Yaourt
- Œufs brouillés
- Tranche de pomme
- Melon
- Banane
- Asperges (cuites)
- Fromage (petit cube)

INTERDIT

- Œufs crus
- Jambon et autres viandes grasses
- Sushis
- Avocat
- Noix de macadamia
- Chocolat
- Oignon
- Raisins secs
- Raisins
- Café

DIY

Cultiver de l'herbe à chat

Un plat peu profond ou un pot de fleurs

Du terreau

Un sachet de graines d'herbe à chat (disponible dans la plupart des jardineries)

Les chats adorent grignoter de l'herbe, ce qui facilite leur digestion. Offrez-leur un petit jardin intérieur en plantant de l'herbe à chat. Vous pouvez préparer un nouveau pot toutes les deux semaines pour assurer un approvisionnement régulier.

LE LAIT ET LE THON

Vous serez peut-être surpris d'apprendre que la plupart des chats ne possèdent pas les enzymes nécessaires pour digérer correctement le lactose contenu dans le lait. Après avoir englouti un bol de lait, votre chat risque de souffrir de diarrhée et de crampes d'estomac. Les laits végétaux sont également à proscrire, car la plupart sont riches en sucre, ce qui est mauvais pour ses dents. En revanche, vous pouvez lui proposer un peu de yaourt de temps à autre, plus facile à digérer que le lait et contenant des bactéries saines qui favorisent la digestion.

Ne cédez donc pas au regard suppliant de minet lorsque vous terminez votre bol de céréales. Ne posez pas le bol pour qu'il lape le lait restant – pensez à sa santé !

Vous pouvez donner du thon à votre chat avec modération. Vous pouvez ajouter une cuillère à café de thon en conserve à sa ration alimentaire, seulement s'il est non assaisonné. Pour sa santé, privilégiez le thon conservé dans l'eau, et non dans l'huile, trop grasse pour l'estomac de certains chats.

Vous pouvez lui donner du thon en petite quantité

Les chats aiment tout particulièrement les flocons de thon séché (bonite) disponibles dans certaines animaleries. Ils sont très légers, dégagent une odeur alléchante et ne font pas grossir.

ATTENTION DANGER : LE PICA

Certains chats mâchouillent des objets non alimentaires, et les ingèrent parfois. Cette étrange habitude alimentaire, nommée pica, peut entraîner des occlusions potentiellement mortelles qui nécessitent une intervention chirurgicale. Voici quelques explications possibles à ce comportement.

LA CURIOSITÉ JUVÉNILE. Chez le chaton, le pica peut traduire un comportement exploratoire. Le chaton examine et mordille des objets non alimentaires, d'abord pour jouer, puis les ingère.

COMPENSER UNE CARENCE ALIMENTAIRE. Consultez le vétérinaire pour savoir s'il ne faut pas passer à une alimentation plus riche en fibres.

UN TROUBLE HÉRÉDITAIRE. Les siamois et les birmans sont des races plus enclines à mâchouiller de la laine.

UNE ODEUR ATTIRANTE. Certains chats aiment lécher les sacs plastiques, car grâce à leur odorat puissant, ils sentent la graisse animale entrant dans la composition de certains sacs.

Si votre chat a avalé un objet non alimentaire, prévenez immédiatement vos parents afin qu'ils l'emmènent chez le vétérinaire. Rangez les objets tentants (laine, ficelle) et assurez-vous qu'il ne peut pas grignoter les plantes d'intérieur (p. 55). Proposez-lui de l'herbe à chat ou de la cataire (p. 78).

FOUS DE CATAIRE

Un chat sur deux est fou de cette herbe odorante. Son composant actif (une huile appelée népétalactone) a des effets euphorisants sur la plupart des chats. Ils se roulent par terre, bondissent, miaulent et/ou se frottent le menton sur tout ce qu'ils trouvent dès qu'ils sentent de la cataire.

La cataire n'est pas dangereuse pour votre chat et son effet dure entre 3 et 15 minutes. La cataire biologique est généralement plus puissante. Cette plante, qui appartient à la même famille que la menthe, est facile à cultiver. Voici quelques informations à retenir :

- La cataire est une plante vivace qui peut devenir très envahissante, alors plantez-la dans un grand pot.
- Elle se développe mieux au soleil.
- Elle fleurit entre le milieu et la fin de l'été. Ses fleurs, ses feuilles et ses tiges sont sans danger pour les chats. Offrez-lui quelques brins fraîchement cueillis et faites-la sécher pour qu'il puisse aussi en profiter en hiver.

SUSPENDUE. Formez plusieurs bouquets avec des tiges feuillues et fleuries. Attachez-les avec de la ficelle et suspendez-les dans un endroit frais et obscur, tête en bas. Lorsque les feuilles sont suffisamment sèches et s'effritent entre vos doigts, écrasez les bouquets dans un sac en plastique ou un bocal en verre. La poudre ainsi obtenue se conserve jusqu'à 6 mois dans un endroit frais et sec.

DIY

Chaussette à la cataire

Un tube de papier toilette

Une chaussette

50 g de cataire biologique séchée

Glissez le tube de papier toilette à l'intérieur de la chaussette. Ajoutez la cataire. Faites un nœud solide à l'extrémité ouverte de la chaussette.

DIY

Anneau en carton

Tube d'essuie-tout

Ciseaux

Découpez le tube en tronçons de 3 à 5 cm de largeur. Découpez des franges de chaque côté des tronçons et pliez-les comme indiqué sur la photographie. Décorez selon votre goût.

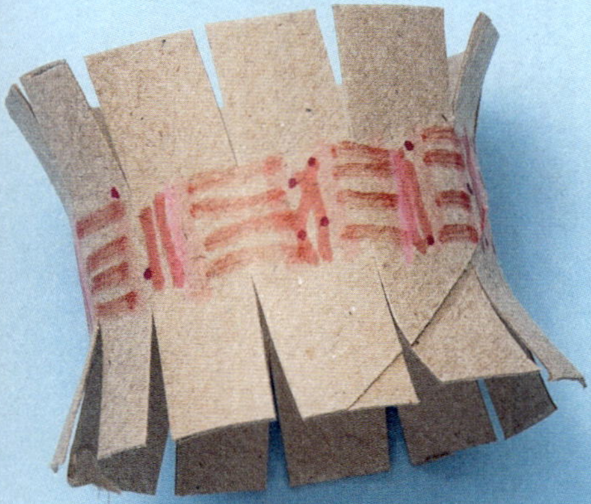

DIY

Balle cartonnée

Tube de papier toilette

Ciseaux

Petites friandises pour chats

Découpez le tube en 4 anneaux de taille égale. Insérez le premier anneau dans le deuxième, puis ajoutez le troisième et le quatrième de manière à former une balle creuse. Déposez quelques friandises à l'intérieur de la balle, puis faites-la rouler en direction de votre chat.

DIY

Casse-tête gourmand

Tube de papier toilette

Ciseaux

Petites friandises pour chats

Découpez 2 ou 3 trous à peine plus gros que les friandises sur toute la longueur du tube. Elles pourront ainsi sortir lorsque votre chat remuera le tube ou le lancera en l'air. Décorez le tube avec une tête de chat amusante, ou selon votre goût. Fermez une extrémité du tube en rabattant les bords. Placez quelques friandises à l'intérieur du tube et fermez l'autre extrémité.

QUESTION AU VÉTO

J'adore donner des friandises à ma gentille chatte, Citrouille. Combien peut-elle en manger au maximum ? Je ne voudrais pas qu'elle ait mal au ventre.

— Max, 10 ans

Citrouille a de la chance d'avoir une maîtresse aussi géniale que toi ! Tu as tout à fait raison de t'inquiéter des conséquences d'un excès de friandises, qui peut causer des maux de ventre et une prise de poids. Si tu as quand même envie de gâter Citrouille, voici comment tu peux faire : mesure la quantité de croquettes à laquelle elle a droit pour la journée. Donne-lui la moitié dans sa gamelle, comme d'habitude, et donne-lui l'autre moitié en remplacement des friandises. Ainsi, tu pourras lui faire plaisir sans la rendre malade. Place ces friandises dans un casse-tête pour l'obliger à mettre en œuvre ses formidables talents de chasseuse pour pouvoir y accéder. Mais la meilleure récompense que tu puisses offrir à Citrouille, c'est de passer du temps avec elle et de lui donner beaucoup d'amour.

— Dr Bales, vétérinaire

DU CALME, MINET !

Même si les chats sont plus indépendants que les chiens, ils sont suffisamment intelligents pour comprendre et suivre des règles. Il est important que l'harmonie règne au sein de votre foyer, et si votre chat adopte un comportement que vous désapprouvez, vous pouvez tout à fait le rééduquer.

Voici 4 comportements félins fréquents qui agacent généralement leurs propriétaires, et la façon d'y remédier.

LE RÉVEILLE-MATIN

Une demi-heure avant que la sonnerie de votre réveil ne retentisse, votre chat, qui est bien réveillé, lui, vous donne des coups de patte sur la joue, ronronne bruyamment dans vos oreilles, piétine votre ventre, fait bouger les stores des fenêtres ou tomber des objets de votre table de nuit.

POURQUOI ? Il a compris que quand vous êtes réveillés, vous le nourrissez. Il se dit : « pourquoi je ne prendrais pas mon petit-déjeuner plus tôt ? ».

LE COMMENTAIRE DE FÉLIX

N'ouvrez pas les yeux !

Si vous caressez votre chat ou vous levez pour lui donner à manger alors qu'il vient de vous réveiller, vous récompensez son comportement importun !
Au début, ce comportement indésirable va s'amplifier, mais si vous persistez, votre chat comprendra qu'il doit se montrer patient.

LA SOLUTION : tout d'abord, si vous avez l'habitude de nourrir votre chat dès votre réveil, arrêtez tout de suite ! Accomplissez plutôt quelques tâches matinales (vous habiller, préparer vos affaires), avant d'aller à la cuisine.

L'étape suivante consiste à régler l'horloge interne de votre chat pour vous permettre de dormir plus longtemps. Si vous le nourrissez plus tard le soir, il aura faim moins tôt. Décalez son repas de 10 minutes pendant quelques jours, puis de 10 minutes supplémentaires les jours suivants, jusqu'à ce qu'il s'adapte..

L'ACROBATE

Votre chat est un véritable magicien. Il se frotte gentiment contre vos jambes, et la seconde d'après, il est juché sur le plan de travail de la cuisine ou vous toise du haut du réfrigérateur.

POURQUOI ? Les chats adorent observer le monde de haut. Et la cuisine est pleine d'odeurs alléchantes, surtout lorsqu'on y prépare des sandwichs à la dinde ou au jambon. Il se dit qu'il ferait bien de vérifier ce qui se trouve sur le plan de travail, au cas où une denrée savoureuse y aurait été oubliée. Vous pouvez chasser votre chat à chaque fois qu'il grimpe sur un meuble, mais beaucoup de félins finissent par comprendre qu'il est préférable de jouer les explorateurs quand personne n'est là pour les voir.

LA SOLUTION : rendez les endroits surélevés de votre cuisine inhospitaliers en utilisant l'une des méthodes suivantes :

- Placez plusieurs lèchefrites sur le plan de travail et versez-y un peu d'eau. La prochaine fois que votre chat viendra y faire un tour, il aura la désagréable surprise d'être éclaboussé.
- Procurez-vous un pulvérisateur répulsif avec *détecteur de mouvement*, qui émet un jet d'air comprimé lorsque le chat passe à proximité. Les chats détestent le bruit et la sensation du jet d'air. Sinon, achetez un tapis de dressage électrifié qui provoque un picotement désagréable sous les pattes.
- Pour l'empêcher de grimper au sommet du réfrigérateur, vous pouvez le recouvrir d'une couche de ruban adhésif double face. Sa texture collante est irritante pour les pattes.

Une fois ces pièges en place, encouragez votre chat à se percher à des endroits plus adaptés. Mettez à sa disposition un arbre à chat haut et solide dans un coin du salon, ou installez une large étagère au bord d'une fenêtre pour lui permettre d'observer le monde extérieur. Cherchez un emplacement en haut d'une étagère ou d'une armoire où il pourra se percher sans rien renverser.

L'ASSAILLANT

Vous marchez dans le couloir quand votre chat surexcité jaillit de nulle part, entoure vos chevilles de ses pattes, puis s'éloigne en sautillant joyeusement.

POURQUOI ? Ce comportement est le jeu félin ultime : guetter, traquer et bondir sur sa proie. Il est plus fréquent chez les chatons qui viennent d'apprendre à chasser et réagissent à tout ce qui bouge. Pour lui, c'est très drôle, mais ses dents et ses griffes acérées vous amusent beaucoup moins !

LA SOLUTION : prévenez le problème en sollicitant l'instinct de chasseur de votre chat, et aidez-le à dépenser son énergie en jouant régulièrement avec lui. Traînez une ficelle sur le sol pour l'inciter à courir après, ou fabriquez des jouets pour le distraire (pp. 79-82 et 109-111). Cela encouragera votre chat à poursuivre des proies plus appropriées que vos chevilles.

Prenez avec vous un petit jouet ou une boulette de papier ou d'aluminium. Repérez votre chat en embuscade et lancez-lui le jouet avant qu'il n'ait le temps de bondir.

LE DESTRUCTEUR

Les accoudoirs des meubles rembourrés sont irrésistibles pour de nombreux chats, qui y enfoncent leurs griffes avec délectation.

POURQUOI ? Les chats utilisent les glandes odoriférantes situées entre leurs coussinets pour marquer leur territoire. En faisant leurs griffes sur le canapé, ils revendiquent sa propriété. Les chats ont également besoin d'un endroit pour aiguiser leurs griffes et il est impossible de leur apprendre à ne pas faire leurs griffes.

LA SOLUTION : proposez-lui un griffoir solide à proximité de ses meubles préférés. Il en existe de nombreux modèles ; testez-en plusieurs pour savoir lequel il préfère (voir p. 90 pour le fabriquer). Félicitez-le lorsqu'il fait ses griffes sur un griffoir.

Rendez le canapé moins séduisant en appliquant temporairement du ruban adhésif double face sur les côtés et en vaporisant le tissu avec de la citronnelle ou une autre odeur désagréable pour les chats. (Vérifiez que le produit ne risque pas d'abîmer le tissu).

QUIZ N° 2

1. À quoi servent les vibrisses des chats ?

A. À déterminer s'ils peuvent passer par des ouvertures étroites.

B. À détecter des proies, comme des souris, dans l'obscurité.

C. À faire connaître leur humeur (content, en alerte, menacé).

D. Toutes ces réponses.

E. Aucune de ces réponses.

2. Dans l'Égypte antique, les chats étaient traités comme des rois. Que faisaient les Égyptiens pour exprimer leur tristesse lorsque leur chat bien-aimé venait de mourir ?

A. Ils plantaient de la cataire.

B. Ils ne mangeaient que des sardines pendant une semaine.

C. Ils se rasaient les sourcils.

D. Ils portaient un masque de tristesse.

3. Que veut dire un chat qui agite vivement sa queue d'avant en arrière ?

A. Je suis heureux.

B. Je m'ennuie.

C. Je suis contrarié.

D. Je suis curieux.

Voir les réponses à la p. 138.

DIY

Griffoirs

Vous trouverez ci-après deux méthodes simples pour fabriquer un griffoir, mais il en existe des centaines. L'important est de s'assurer qu'il ne se renversera pas. Un peu de cataire saupoudrée à la surface devrait suffire à convaincre votre chat d'y faire ses griffes !

Suspendez quelques jouets pour susciter son intérêt

Un cylindre en béton (disponible dans les magasins de bricolage)

Un petit tapis

Du ruban adhésif double face pour tapis ou de la colle forte

De la cataire

Alignez le bord du tapis avec le bord inférieur du cylindre. Enroulez le tapis autour du cylindre, puis sur lui-même si sa longueur dépasse la circonférence du cylindre.

Fixez le tapis au cylindre (ne lésinez pas sur la quantité de ruban adhésif ou de colle !).

Si la largeur du tapis est supérieure à la hauteur du cylindre, rentrez la partie qui dépasse à l'intérieur et fixez-la afin qu'elle reste bien en place.

Une grande boîte en carton rigide

Un petit tapis

Du ruban adhésif double face pour tapis ou de la colle forte

De la cataire

Coupez la boîte sur toute sa hauteur au niveau d'un coin, puis collez ou scotchez tous les rabats. Pliez la boîte en forme de triangle en superposant deux parois. Fixez le tout.
Fixez le tapis sur la boîte à l'aide du ruban adhésif ou de la colle, en rabattant les bords du tapis à l'intérieur s'ils dépassent.

Ajoutez une couverture et des jouets pour créer un petit refuge douillet !

3

LES BASES DE L'ÉDUCATION

Votre chat et vous possédez beaucoup de points communs. Par exemple, vous adorez apprendre et faire de nouvelles découvertes. Vous ne fréquentez simplement pas le même type d'école. Dans le cas de votre chat, la salle de classe se trouve à votre domicile, et c'est vous qui êtes les professeurs !

Les chats apprennent en observant. Ils sont très attentifs aux images, aux sons, aux odeurs et aux habitudes de la maison. C'est pourquoi ils se précipitent dans la cuisine dès qu'ils vous entendent ouvrir une boîte de conserve, mais restent blottis sur le canapé lorsque votre téléphone sonne.

VOICI TROIS BONNES RAISONS D'ÉDUQUER VOTRE CHAT :

1 Pour le faire bouger et stimuler son cerveau.

2 Pour consolider votre relation d'amitié et de confiance.

3 Pour l'aider à prendre confiance en lui (ou donner à un chat confiant l'occasion de s'illustrer).

METTRE EN PLACE LES CONDITIONS DU SUCCÈS

Les chats réagissent différemment que les chiens lors des séances d'éducation. Ils cherchent moins à vous faire plaisir qu'à obtenir de délicieuses récompenses. Pour l'éduquer efficacement, mettez en pratique la « règle des trois C » : faites preuve de clarté, de concision et de cohérence. Votre chat est très doué pour déchiffrer votre posture corporelle et votre intonation et comprendre votre message.

CLARTÉ. Lorsque vous lui apprenez un comportement, décomposez-le en petites étapes afin qu'il comprenne où vous voulez en venir. Ne le récompensez que lorsque vous obtenez le comportement désiré. Si vous dites « Assis » et que vous récompensez votre chat parce qu'il vous regarde, il va penser qu'« Assis » signifie « Regarde-moi ».

CONCISION. Ne répétez pas sans arrêt un même ordre. Donnez à votre chat le temps de réfléchir et de comprendre ce que vous voulez.

COHÉRENCE. L'apprentissage d'un comportement nécessite beaucoup de répétitions. Facilitez la tâche à votre chat en utilisant les mêmes ordres et les mêmes gestes à chaque fois. Limitez-vous à un mot ou deux – « Assis » est plus facile à comprendre qu'« Assieds-toi s'il te plaît ».

Voici des astuces supplémentaires :

CHOISISSEZ LE BON MOMENT. Sollicitez votre chat lorsqu'il est bien réveillé et disposé à jouer. Il sera beaucoup plus attentif si vous organisez les séances avant le repas, et pas juste après.

N'EN FAITES PAS TROP. Les séances d'éducation doivent être courtes : 5 à 10 minutes, 1 ou 2 fois par jour suffisent.

UTILISEZ DES FRIANDISES. Motivez votre chat en lui proposant des friandises de qualité, comme du poulet ou de la dinde bouillis et coupés en petits morceaux.

L'EMPLACEMENT EST ESSENTIEL. Choisissez un endroit calme, sans distractions, pour rester tous les deux concentrés.

RENDEZ L'APPRENTISSAGE LUDIQUE. Encouragez-le et félicitez-le. Mettez fin à la séance si vous vous sentez frustrés ou impatients, ou si votre chat s'ennuie ou semble perdu. Il vous le fera comprendre en quittant brusquement la pièce ou en commençant à faire sa toilette.

Terminez sur une note positive. Si votre chat exécute correctement un ordre 3 fois de suite, arrêtez, récompensez-le et fêtez sa réussite.

LE COMMENTAIRE DE FÉLIX

Besoin d'un interprète ?

Savez-vous que les chats sont bilingues ? Nous utilisons notre propre langage, mais nous devons aussi nous familiariser avec la langue utilisée par notre famille humaine, quelle qu'elle soit. Lors de nos formations sur le secourisme animalier, Arden me demande de m'asseoir, de venir ou de donner la patte en utilisant des ordres vocaux et, parfois, uniquement des signes de la main.

QUESTION AU VÉTO

Les chats retombent-ils toujours sur leurs pattes lorsqu'ils font une grosse chute ?

— Octave, 10 ans

À l'instar des gymnastes olympiques, les chats font preuve d'un sens aigu de l'orientation lorsqu'ils se contorsionnent dans les airs. Leur colonne vertébrale souple, leurs muscles puissants et leur excellent sens de l'équilibre leur permettent généralement de retomber en toute sécurité sur leurs quatre pattes. Comme ils ne possèdent pas de clavicules, leur colonne vertébrale est plus mobile et plus flexible que celle des humains ou des chiens, ce qui leur permet de faire pivoter leur corps facilement. Lorsqu'un chat est en chute libre, son cerveau communique avec ses muscles pour leur ordonner de pivoter son corps de manière que sa tête se retrouve parallèle au sol. Une fois cette opération réalisée, le corps du chat suit naturellement le mouvement pour lui permettre d'atterrir debout.

Toutefois, aussi agiles soient-ils, les chats ne se sortent pas toujours indemnes d'une chute d'une fenêtre ouverte, d'un balcon ou d'un toit. Prenez les précautions nécessaires pour assurer la sécurité de votre petit curieux.

— Dr Dodman, vétérinaire

SÉANCES D'ÉDUCATION : C'EST PARTI !

Vous trouverez dans les pages suivantes des instructions étape par étape pour apprendre à votre chat à venir à votre appel, à donner la patte, à tourner en rond et à sauter à travers un cerceau. De vrais numéros de chat de cirque qui impressionneront votre famille et vos amis !

LE **RAPPEL**

Pour la sécurité de votre chat, apprenez-lui à venir lorsque vous l'appelez. Comme il est par nature très curieux, il n'est pas impossible qu'il découvre un jour une nouvelle cachette à l'intérieur de la maison – derrière le réfrigérateur ou dans un placard, par exemple – ou file dehors par une porte ouverte. S'il est habitué à répondre à votre appel, vous aurez plus de chances de le retrouver. Et vous pourrez aussi l'appeler pour qu'il vienne apprendre de nouveaux tours !

1 Commencez l'entraînement juste avant les repas, lorsque son attention est maximale.
Les chats reconnaissent très vite le bruit d'un ouvre-boîte ou d'un couvercle qui saute. Ainsi, lorsque vous ouvrez une boîte de pâtée, appelez votre chat par son nom (vous pouvez également secouer une boîte de croquettes ou un sachet de friandises) : « Viens ici, Mickey, Mickey, Mickey ! »

Vous pouvez également utiliser un signal sonore : vous pouvez par exemple siffler ou taper avec une cuillère sur une boîte de conserve, afin qu'il associe le son produit à la nourriture.

2 **Lorsque votre chat accourt pour manger, donnez-lui une friandise qu'il aime particulièrement.** Puis posez sa gamelle. Répétez l'opération à chaque repas pendant un certain temps, jusqu'à ce qu'il ait compris que votre voix ou votre sifflement sont synonymes de délicieuse récompense.

3 **Commencez maintenant à l'appeler entre les repas.** Récompensez-le systématiquement, qu'il arrive en courant ou en marchant tranquillement.

Vous ne pouvez pas exiger de lui qu'il se précipite vers vous à chaque fois que vous l'appelez, mais si vous faites en sorte que le jeu en vaille la chandelle, vous pourriez être surpris de sa réaction.

L'ORDRE « **ASSIS** »

L'apprentissage de cet ordre est le point de départ de nombreux autres tours. Une fois qu'il le maîtrise, essayez de tenir la friandise plus haut au-dessus de sa tête en disant « Fais le beau » et attendez qu'il se dresse sur ses pattes arrière pour l'attraper.

1 Attirez l'attention de votre chat avec de délicieuses friandises.

Tenez une friandise devant son museau, puis soulevez-la lentement au-dessus de sa tête en disant « Assis ».

2 **Normalement, tout en suivant la friandise du museau,** il va lever la tête et abaisser son arrière-train. Récompensez-le immédiatement en lui disant « C'est bien, assis » et en lui donnant la friandise.

3 **Votre chat va peut-être donner des petits coups de patte pour attraper la friandise,** voire se dresser sur ses pattes arrière. Attendez patiemment qu'il repose ses deux pattes avant sur le sol, puis récompensez-le.

Poursuivez l'entraînement jusqu'à ce qu'il fasse le lien entre l'ordre « Assis » et le mouvement de votre main au-dessus de sa tête.

L'ORDRE « DONNE LA PATTE »

Les chats explorent souvent le monde en tapotant les objets qui les intriguent du bout de la patte. Voici un tour amusant à enseigner à un chat sociable qui sait déjà s'asseoir.

1 **Placez votre chat à hauteur de votre regard,** soit en vous asseyant avec lui sur le sol, soit en le plaçant sur une table face à vous. Demandez-lui de s'asseoir.

LE COMMENTAIRE DE FÉLIX

Je suis gaucher !

Tout comme les humains, les chats sont droitiers ou gauchers. Bien que nous soyons capables d'utiliser nos deux pattes avant indifféremment, nous privilégions généralement une patte plutôt que l'autre pour attraper des friandises, entrer dans le bac à litière ou dire bonjour. En ce qui me concerne, je suis gaucher !

2 **Tenez une friandise à quelques centimètres devant ses yeux** et dites « Donne la patte ». Lorsqu'il lève une patte avant pour attraper la friandise, dites « C'est bien, donne la patte » et donnez-lui la friandise. Répétez cette opération au cours de plusieurs séances jusqu'à ce qu'il lève la patte à chaque fois que votre main se trouve à hauteur de ses yeux.

3 **Commencez maintenant à toucher doucement sa patte levée** avec la main qui tient la friandise pour conclure la poignée de main. Donnez-lui la friandise après avoir touché sa patte.

L'ORDRE « TOURNE »

Si votre chat adore vous suivre et qu'il est impatient d'apprendre de nouveaux tours, vous pouvez essayer de lui apprendre à tourner en rond sur commande. Vous aurez besoin d'un bâton cible, comme une longue tige ou le manche d'une cuillère en bois, dont vous aurez recouvert une extrémité d'un aliment que votre chat apprécie particulièrement, comme une noisette de beurre ou un peu de fromage crémeux.

1 **Pour commencer, placez-vous face à votre chat.** Placez le bâton garni à hauteur de son museau et laissez-le lécher la friandise. Répétez l'opération plusieurs fois (en garnissant de nouveau le bâton à chaque fois) afin qu'il apprenne à se concentrer sur le bâton.

2 **Tout en maintenant le bâton cible garni à hauteur de sa tête,** éloignez-le lentement de lui. Dès qu'il fait quelques pas pour suivre la friandise, arrêtez-vous, donnez-lui la friandise et félicitez-le.

3 **Faites-lui faire progressivement un peu plus de pas** avant de le récompenser et de le féliciter, jusqu'à ce qu'il suive le bâton en décrivant un cercle complet.

4 **Vous êtes maintenant prêts à marquer l'action d'un ordre verbal.** Dites « Tourne » pendant que vous décrivez un cercle avec le bâton cible. Dès que votre chat a terminé son tour, récompensez-le et dites « C'est bien, tourne ». Lorsque votre chat tourne systématiquement, vous pouvez remplacer le bâton cible par votre main tenant une friandise.

SAUTER
À TRAVERS UN CERCEAU

Si votre félin est extraverti, épatez vos amis en lui apprenant à sauter à travers un cerceau tenu au-dessus du sol. Assurez-vous que votre chat sache suivre un bâton cible (ou votre main tenant une friandise) avant d'essayer de lui apprendre ce tour plus complexe. Vous aurez besoin d'un cerceau ou d'un objet similaire.

1 **Placez le cerceau entre votre chat et vous.** Au début, posez le cerceau à plat sur le sol. Garnissez un bâton avec une friandise (voir p. 104).

2 **Incitez votre chat à suivre le bâton cible à travers le cerceau pour obtenir la friandise.** Posez le cerceau verticalement sur le sol pour commencer.

Félicitez-le et dites « Cerceau » chaque fois qu'il passe à travers, afin qu'il commence à associer le mot « Cerceau » à l'action souhaitée.

3 **Lorsqu'il traverse avec aise,** soulevez légèrement le cerceau au-dessus du sol. D'abord à 1 ou 2 centimètres, puis augmentez lentement la hauteur à mesure qu'il comprend ce que vous attendez de lui.

Plusieurs séances d'entraînement seront probablement nécessaires pour que votre chat prenne confiance en lui et soit disposé à exécuter ce tour.

FÉLIX SE PROMÈNE AVEC STYLE

Comme Arden m'emmène à des conférences et des formations lors desquelles nous apprenons à notre public tout ce qu'il faut savoir sur les chats, j'ai été ravi qu'elle m'apprenne à me promener dans une poussette pour animaux. Elle a commencé par disposer la poussette au milieu du salon, capote relevée. L'objet a piqué ma curiosité, et je l'ai examiné. Lorsqu'elle a disposé quelques friandises à l'intérieur, je me suis empressé d'aller les engloutir. Le lendemain, elle a commencé à me donner mon petit-déjeuner dans la poussette.

Une fois que je me suis bien familiarisé avec l'objet, elle a commencé à me promener tranquillement à l'intérieur de la maison, en s'arrêtant de temps à autre pour me récompenser. Elle m'a laissé le temps de prendre confiance et d'accepter de me promener dans la poussette.

Quelques conseils supplémentaires pour une expérience réussie : pour des raisons de sécurité, enfilez un harnais à votre minet, puis attachez la laisse intégrée à la poussette à l'anneau en D du harnais. Et laissez toujours le filet de la poussette baissé afin que votre chat puisse observer ce qui l'entoure mais ne soit pas tenté de s'enfuir d'un bond. En route, mauvaise troupe !

DIY

Baguette magique

Les chats adorent traquer des objets en mouvement et les attraper d'un bond. Vous trouverez dans les pages suivantes quelques modèles de jouets simples à fabriquer.

Un bâton ou une tige solides de 25 à 30 cm de long

Du fil ou de la ficelle épais

Un petit jouet pour chat, un pompon ou une boule de papier froissé

1 Attachez une extrémité de la ficelle au bâton et attachez le jouet, le pompon ou la boule de papier à l'autre extrémité. Amusez-vous à tester différents jouets et différentes longueurs de ficelle.

2 Faites glisser le jouet sur le sol ou jetez-le au loin pour que votre chat se lance à sa poursuite.

DIY

Anneau en polaire

Des morceaux de polaire, de feutre ou d'un autre tissu épais, de différentes couleurs

Des ciseaux ou un cutter rotatif

1 Coupez une bande de tissu d'environ 15 cm de long et 2 cm de large. Attachez les deux extrémités ensemble pour former un anneau.

2 Coupez 12 à 15 bandes de tissu d'environ 10 cm de long et 2 cm de large. Fixez solidement ces bandes tout autour de l'anneau en faisant des doubles nœuds.

3 Secouez le jouet ou lancez-le par terre pour susciter l'intérêt de votre chat. Vous pouvez aussi l'attacher à une longue ficelle et le traîner au sol pour imiter une souris en mouvement.

DIY

Jouet suspendu

Un petit jouet en forme de souris ou une boule de papier froissé

Une bande de tissu épais de 30 à 40 cm de long et d'environ 2,5 cm de large

1 Attachez solidement le jouet ou la boule de papier à une extrémité de la bande de tissu.

2 Attachez l'autre extrémité de la bande de tissu autour d'une poignée de porte intérieure de manière qu'elle pende 15 à 20 cm au-dessus du sol, ce qui correspond à peu près à la hauteur du regard de votre chat.

3 Balancez le jouet pour attirer l'attention de votre félin. Vous aurez peut-être besoin de le faire traîner sur le sol. Faites en sorte qu'il vous voie l'attacher à la poignée.

4

DEVENEZ LE MEILLEUR ALLIÉ

de sa santé

Vous jouez de nombreux rôles essentiels auprès de votre compagnon félin : vous le câlinez, vous jouez avec lui, vous le nourrissez et vous nettoyez sa litière. Toutes ces attentions contribuent à le maintenir en forme et vous permettent par la même occasion de surveiller sa santé et son environnement. Une autre mission importante vous incombe : surveiller les indices révélateurs de son bien-être.

Outre quelques conseils ayant trait aux premiers secours et à la santé féline en général, ce chapitre met en lumière les avantages du jeu. Pour rester en bonne santé et heureux, les chats doivent faire marcher leurs neurones et faire de l'exercice physique régulièrement. Place au jeu !

LE JEU

Comme nous l'avons vu, un chat qui s'ennuie est enclin à faire des bêtises. Et un chat en surpoids risque de souffrir de nombreux problèmes de santé, comme l'arthrite et le diabète. C'est pourquoi il est important que vous jouiez avec lui pour le faire bouger. Testez les jeux suivants pour déterminer ceux qu'il apprécie le plus. Puis inventez-en de nouveaux !

CHASSE AU TRÉSOR

Aiguisez ses instincts de chasseur en lui organisant une chasse au trésor au moins une fois par semaine. À l'heure du repas, cachez des croquettes ou des petits bols de pâtée à différents endroits ou sur quelques marches d'escalier.

Après avoir caché la nourriture, appelez votre chat. Il aura peut-être besoin que vous l'aidiez un peu au départ, mais mettez-vous ensuite en retrait pour admirer son flair et ses talents de chasseur. Veillez à retirer toute la nourriture cachée une fois que votre chat a fini de manger.

FÉLIX AU CENTRE

J'ai nommé ce jeu en l'honneur de Félix, mon gros chat noir, qui adorait bondir et attraper des objets en plein vol. Vous aurez besoin d'un partenaire de jeu et de quelques petits jouets ou boulettes de papier, qui éveilleront l'instinct de chasseur de votre chat.

Commencez par vous asseoir, votre partenaire et vous, à une distance de 3 m l'un de l'autre, le chat se tenant au milieu. Attirez l'attention de votre félin en faisant crisser la boulette de papier ou en agitant le jouet. Puis lancez le jouet à votre partenaire à environ 30 cm au-dessus de la tête du chat afin qu'il tente de l'attraper. Vous saurez que le jeu est terminé lorsque votre chat s'éloignera ou vous tournera le dos et commencera à se toiletter.

PÊCHE EN SAC

Les chats ne peuvent pas s'empêcher d'explorer les sacs de courses vides qui traînent sur le sol de la cuisine. Rendez l'expérience plus amusante encore en fabriquant un jeu de pêche d'intérieur !

Si le sac est muni de poignées, coupez-les afin d'éviter que votre chat ne se prenne les pattes dedans. Ensuite, découpez un cercle au fond du sac. Attachez un petit jouet ou un morceau de papier à l'extrémité d'un lacet ou d'une grande ficelle en guise de ligne et d'appât. Passez ensuite le jouet dans le trou et déposez-le au milieu du sac. Posez le sac sur le côté, le fond face à vous.

Placez votre chat face à l'ouverture du sac et faites bouger l'appât pour l'inciter à plonger dans le sac pour capturer sa proie. Lorsqu'il plonge dans le sac, faites sortir l'appât par le trou. Le timing est important – essayez d'être plus rapide que lui !

HOCKEY DE BAIGNOIRE

Si votre chat adore courser des balles et des jouets, vous pouvez improviser une patinoire de hockey pour lui permettre de faire la démonstration de ses talents d'athlète. Il vous suffit de jeter un petit objet dans une baignoire vide. Les félins aiment tout particulièrement les balles de ping-pong, les boules de papier aluminium froissé et les anneaux en plastique des bouteilles.

Lancez l'objet de manière qu'il fasse du bruit en roulant le long des parois de la baignoire. Félicitez votre chat à chaque fois qu'il se lance à sa poursuite.

CONTENTION AVEC UNE SERVIETTE

Les chats peuvent être difficiles à maîtriser car ils peuvent se sentir vulnérables lorsqu'ils ne peuvent pas s'enfuir. Lorsque vous avez besoin de donner des médicaments à votre chat ou de lui couper les griffes, assurez votre sécurité et la sienne. Une bonne solution consiste à l'emmailloter dans une serviette de bain, avec l'aide d'un adulte.

Les spécialistes déconseillent de tenir un chat par la peau du cou pour lui administrer un médicament ou lui couper les griffes. Un chat paniqué peut manœuvrer sa colonne vertébrale souple et vous griffer avec ses pattes arrière, pour vous échapper. Les vétérinaires préfèrent recourir à la contention pour maîtriser un chat malade ou blessé en toute sécurité. Cette technique est idéale pour immobiliser les chats anxieux, craintifs ou agressifs lorsqu'ils sont manipulés.

La contention de votre chat dans une grande serviette de bain présente 3 avantages :

* Elle vous protège de ses griffes et de ses dents acérées.
* Elle maintient le patient immobile pendant l'administration du traitement.
* Elle contribue à apaiser un félin effrayé.

Voici le secret : présentez-lui la serviette de manière positive. Votre objectif est de le convaincre d'accepter d'être enveloppé et immobilisé. Pratiquez cette technique lorsque votre chat est calme, ainsi il y sera déjà habitué lorsque vous aurez besoin de l'emmailloter. Il est préférable de demander l'aide d'un adulte jusqu'à ce que vous soyez suffisamment à l'aise et que votre chat se montre coopératif. Ne lésinez pas sur les friandises et les félicitations, et n'immobilisez votre chat que quelques secondes au tout début. Si vous le libérez plusieurs fois sans rien faire d'autre, il s'apercevra qu'être emmailloté n'est pas si désagréable !

TECHNIQUE **DE CONTENTION**

Voici les étapes à suivre pour emmailloter votre chat à la manière d'un « burrito ».

1 **Placez votre chat** à quelques centimètres d'un des deux bords longs de la serviette (A) et à environ 30 cm d'un bord court (C).

2 **Repliez le bord long (A)** sur ses pattes et autour de son cou.

3 **Repliez le pan le plus long** de la serviette (B) sur votre chat, de manière à couvrir son corps tout entier.

4 **Poursuivez le mouvement en tirant le coin de la serviette** vers l'avant de son corps, et faites-le passer sous son menton, à la manière d'une écharpe.

5 **Une fois que cette partie de la serviette** est complètement enroulée autour de son corps, saisissez le pan le plus court (C) et repliez-le sur le chat. Veillez à bien l'ajuster, et maintenez-le en place en le tenant fermement de manière que votre chat n'ait pas la possibilité de se tortiller pour s'échapper.

Vous avez réussi ! Votre chat est maintenant bien emmailloté dans la serviette et prêt à recevoir des comprimés ou des médicaments liquides, ou à se faire couper les griffes (voir p. 120).

LE COMMENTAIRE DE FÉLIX

J'adore être emmailloté !

J'adore être enveloppé dans une grande et confortable serviette depuis qu'Arden m'a fait découvrir cette technique de contention alors que je n'étais encore qu'un chaton. Pourquoi ? Elle m'y a habitué progressivement, et m'a donné plein de délicieuses friandises pour me récompenser. Maintenant, j'autorise volontiers les élèves à m'emmailloter lors de nos formations de secourisme animalier, et je me laisse patiemment photographier avec eux, parce que je sais que je vais avoir droit à plein d'autres succulentes récompenses !

COUPER **LES GRIFFES**

Si vous possédez un chaton, commencez dès à présent à lui prendre les pattes et à exercer une légère pression sur ses coussinets afin de faire sortir ses griffes. Procédez de manière ludique, sans dépasser quelques secondes au début, et n'oubliez pas de le récompenser avec de délicieuses friandises. Les séances de coupe des griffes n'en seront que plus agréables pour tous les deux. Cette technique est généralement simple à pratiquer sur un chat âgé et calme, mais si votre compagnon est agressif, il est préférable de lui faire couper les griffes par un auxiliaire vétérinaire à l'occasion d'une visite médicale, ou de vous adresser à un toiletteur professionnel.

Pédicure à domicile

Coupez les griffes d'un chat à deux : l'un l'immobilise l'animal, l'autre manipule le coupe-griffes. Installez le matériel (serviette épaisse, coupe-griffes et poudre styptique au cas où vous feriez accidentellement saigner une griffe en la coupant trop court) dans la salle de bains, pour que votre chat ne puisse pas s'enfuir. Pensez aux friandises !

1 **Emmaillotez votre chat dans une serviette de bain** (voir p. 118), puis sortez doucement une patte de la serviette.

2 Placez votre pouce sur le dessus de la patte et vos doigts contre les coussinets. Appuyez doucement sur les coussinets, un à un, afin d'exposer chaque griffe.

3 Coupez uniquement la pointe de la griffe, c'est-à-dire la partie blanc clair. La partie rose s'appelle la pulpe, c'est là que se termine la veine située à l'intérieur de la griffe. Elle saignera si vous la coupez.

Parlez calmement à votre chat pendant toute la procédure. Une fois que vous avez terminé, retirez la serviette et donnez-lui une ou deux friandises. L'expérience doit être positive. Quelques séances seront peut-être nécessaires pour qu'il se rende compte que ce n'est pas si désagréable !

DÉTECTER LES PROBLÈMES DE SANTÉ

Contrairement aux chiens, chez lesquels une indisposition ou une blessure est généralement facile à déceler, les chats ont tendance à dissimuler toute douleur ou faiblesse. C'est pourquoi il est important d'être à l'affût du moindre indice pouvant révéler que votre chat n'est pas aussi en forme que d'habitude.

Posez-vous les questions suivantes :

- Fait-il ses besoins normalement ?
- A-t-il perdu l'appétit ?
- Se cache-t-il alors qu'il est habituellement très extraverti ?
- Donne-t-il des coups de griffes, ou crache-t-il lorsque vous essayez de le prendre dans vos bras ?
- Se gratte-t-il beaucoup, ou se mordille-t-il les pattes ?

Tous ces indices vous montrent que quelque chose ne va pas, alors faites part de votre inquiétude à vos parents.

LES GESTES DE PREMIERS SECOURS

Formez-vous aux premiers secours animaliers avec vos parents.

* Vous saurez rester calmes et concentrés lorsque votre chat est malade ou blessé.
* En détectant rapidement ses problèmes de santé, vous permettrez à votre famille de faire des économies sur les factures de vétérinaire.
* Vous apprendrez ce qu'il faut faire en cas d'urgence pour sauver la vie de votre compagnon.

En vous formant, vous apprendrez à venir en aide à un chat qui s'étouffe ou a été piqué par une abeille, à panser une patte ensanglantée, à administrer des médicaments liquides, à pratiquer la respiration artificielle et la réanimation cardiopulmonaire.

QUESTION AU VÉTO

Comment les chats peuvent-ils sauter si haut alors qu'ils sont si petits ?

– Victor, 8 ans

Les chats parviennent à sauter très haut parce que les muscles de leurs cuisses sont incroyablement grands et bien développés pour leur taille. Lorsqu'ils s'accroupissent et s'élancent, ils sont comme catapultés dans les airs !

Si vos jambes étaient aussi puissantes, vous pourriez sauter sur le toit de votre maison avec facilité. Mais les muscles de vos cuisses feraient la même circonférence que votre taille !

– Dr Becker, vétérinaire

EXAMINEZ VOTRE CHAT DES OREILLES À LA QUEUE

Il vaut mieux prévenir que guérir. Mettez en pratique ce précepte en examinant chaque mois votre compagnon de la pointe des oreilles jusqu'au bout de la queue. C'est un excellent moyen de renforcer vos liens tout en recherchant d'éventuels problèmes de santé. Commencez par faire trois dessins de votre chat : représentez sa silhouette vue de côté, son ventre, et sa tête. Vous utiliserez ces dessins pour indiquer les endroits où vous aurez remarqué d'éventuels problèmes, comme une bosse ou une coupure, une éruption cutanée, ou la présence de puces. Prenez une poignée de friandises que votre chat apprécie particulièrement (les félins ont un gros faible pour les petits morceaux de poulet grillé !). Installez-le dans une petite pièce sans distractions, comme la salle de bains ou une pièce calme, dont vous pouvez fermer la porte. Placez votre chat en hauteur dans la salle de bains ou sur un lit et donnez-lui une friandise. Vous trouverez page suivante une liste des points à vérifier.

COMMENT FAIRE UN EXAMEN DE SANTÉ

Notez toutes vos observations sur vos dessins, puis faites-en part à vos parents. Récompensez votre chat avec des friandises et félicitez-le quand c'est fini.

Examinez sa tête. Touchez doucement sa truffe. La truffe d'un chat en bonne santé est sèche ou légèrement humide. Celle d'un chat malade peut être très sèche ou pleine de mucus.

Tenez une friandise à hauteur de ses yeux et déplacez-la lentement de gauche à droite. Il doit suivre la friandise de la tête et du regard.

Ses pupilles sont-elles de la même taille ? Une pupille plus petite ou plus grande que l'autre peut révéler un problème médical que vous devez signaler au vétérinaire.

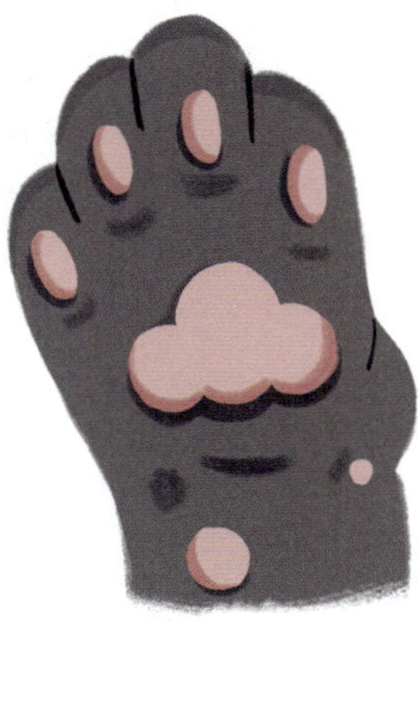

Tirez délicatement chaque oreille vers l'arrière pour examiner l'intérieur. Il doit être rose, mais pas rouge. Si vous voyez des saletés marron ou si vous sentez une odeur de chaussettes sales, votre chat souffre peut-être de la gale ou d'une infection de l'oreille.

Examinez chaque patte et chaque coussinet à la recherche de coupures, de griffes trop longues ou de tiques entre les orteils.

Faites glisser votre main de sa tête jusqu'à la base de sa queue. Puis massez doucement sa peau du bout de vos doigts. Un gémissement ou une crispation peuvent révéler une douleur musculaire ou de l'arthrite.

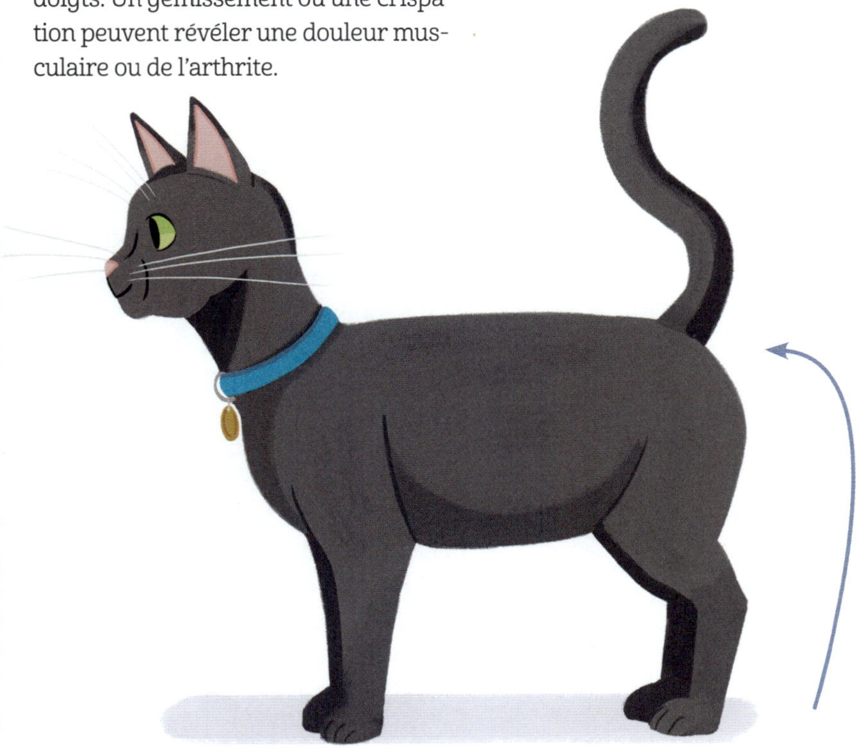

Examinez son ventre à la recherche d'une éventuelle rougeur ou éruption cutanée. Palpez-le délicatement de votre main ouverte pour rechercher des grosseurs. Soyez prudents : certains chats n'aiment pas qu'on leur touche le ventre.

Utilisez un peigne spécial pour rechercher des puces (le vétérinaire vous montrera comment faire).

Soulevez délicatement sa queue à la recherche de rougeurs sur son anus ou d'excréments séchés sur ses poils, qui pourraient indiquer un problème de santé.

Vérifiez que sa queue ne présente pas de coupures ni de bosses.

CACA, PIPI, VOMI ET BOULES DE POILS

Vous pouvez détecter rapidement certains problèmes de santé en prêtant attention aux « petits cadeaux » déposés par votre chat.

L'URINE : L'OR LIQUIDE

Les vétérinaires qualifient souvent l'urine d'or liquide car elle peut leur donner de nombreuses informations sur l'état de santé d'un chat. L'urine d'un félin en bonne santé doit être jaune, et pas orange, rose, rouge ou brune. Elle ne doit pas sentir fort. Soyez attentif aux habitudes de votre chat. Veillez à signaler tout changement dans la fréquence et la quantité de ses mictions. Par exemple, s'il fait habituellement pipi trois fois par jour dans son bac à litière et que, soudainement, vous ne trouvez qu'un seul amas d'urine ou que les amas sont beaucoup plus gros que la normale, c'est qu'il y a un problème.

LE COMMENTAIRE DE FÉLIX

Arden m'a sauvé la vie !

Les chats mâles souffrent parfois de graves blocages urinaires.
Un jour, j'avais du mal à faire pipi dans ma litière. J'ai poussé un hurlement parce que je ne pouvais uriner qu'un tout petit peu. Quand Arden s'est précipitée pour examiner le bac à litière, elle a découvert du sang dans mon urine.
Elle m'a emmené chez le vétérinaire, et j'ai dû y passer la nuit. Lorsqu'Arden est venue me chercher, le vétérinaire lui a dit que si elle avait attendu le matin pour m'emmener consulter, j'aurais pu mourir. Je suis heureux qu'elle ait agi rapidement.

DEVENEZ « CACALOGUE »

Vous devez observer le caca de votre chat, ou en d'autres termes ses excréments, à chaque fois que vous nettoyez sa litière. Une crotte de chat saine est de couleur brun chocolat et a la forme d'une bûche. Elle ne doit pas :

- Se présenter sous la forme de petits granulés durs (constipation).
- Ressembler à une flaque d'eau brun rougeâtre (diarrhée).
- Être très malodorante et contenir une substance semblable à du marc de café (hémorragie interne : emmenez-le immédiatement chez le vétérinaire !).

Je t'ai
laissé un
joli petit
cadeau

DIFFÉRENCE ENTRE VOMI ET BOULES DE POILS

Les chats vomissent pour de nombreuses raisons : lorsqu'ils mangent trop vite, qu'ils consomment des aliments avariés ou pas adaptés (comme le lait, voir p. 76), ou qu'ils s'intoxiquent avec une plante ou un médicament, par exemple. Certains chats souffrent du mal des transports en voiture.

Si votre chat vomit de temps en temps mais qu'il reprend ensuite ses habitudes, ne vous inquiétez pas. Mais s'il vomit plus d'une fois par jour, est léthargique et refuse toute nourriture, jouez la carte de la prudence et emmenez-le chez le vétérinaire.

Les boules de poils sont la première cause de vomissements chez le chat. Environ huit chats sur dix expulsent une boule de poils au moins une fois par mois. La cause habituelle de ce phénomène est leur routine de beauté. Contrairement à vous, votre chat ne prend pas de douche pour rester propre, mais se toilette méticuleusement en léchant son pelage. Lorsqu'il se toilette, les papilles cornées de sa langue accrochent les poils morts, qui sont ensuite avalés. La plupart du temps, ces poils traversent le système digestif sans problème et sont évacués dans les excréments. Mais parfois, une grande quantité de poils peut s'accumuler dans l'estomac et se mélanger aux sucs digestifs pour former une boule. Au bout d'un certain temps, cette boule de poils devient suffisamment irritante pour que le chat l'expulse en vomissant.

Le nom scientifique d'une boule de poils est trichobézoard.

LE COMMENTAIRE DE FÉLIX

Comment éviter les boules de poils

Arden me brosse régulièrement pour enlever les poils morts et enrichit mon alimentation en fibres avec 1 c. à c. de purée de potiron par jour.

Lorsque votre chat fait sa toilette, les papilles cornées de sa langue accrochent les poils, qui sont ensuite avalés.

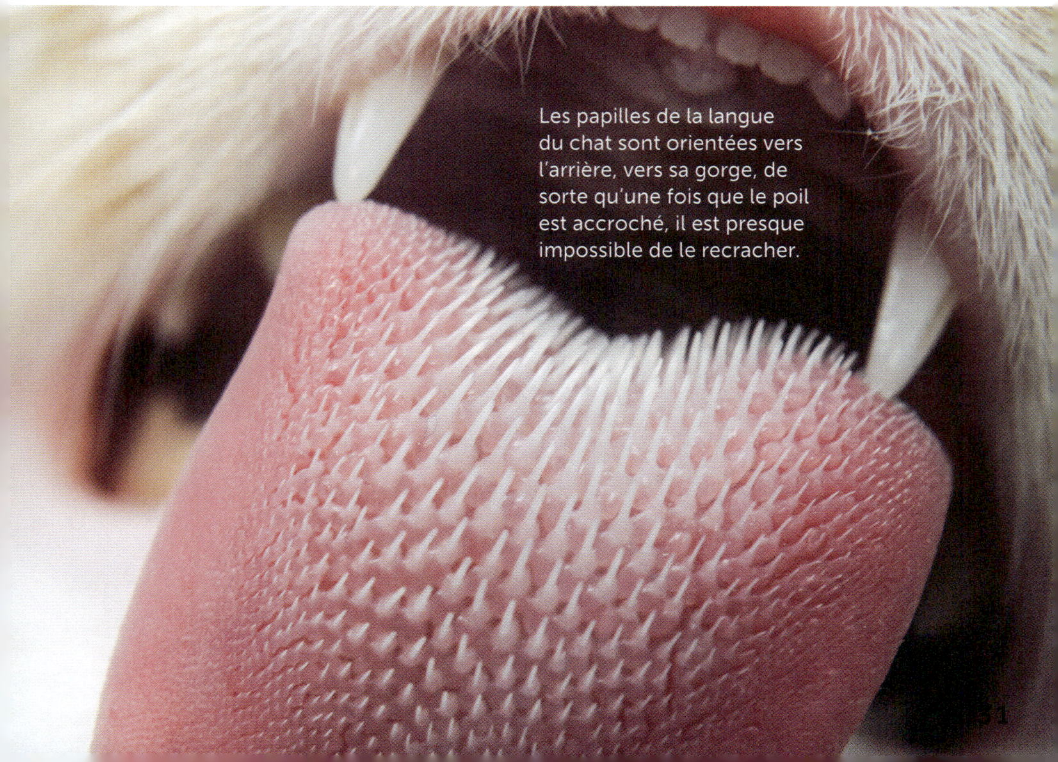

Les papilles de la langue du chat sont orientées vers l'arrière, vers sa gorge, de sorte qu'une fois que le poil est accroché, il est presque impossible de le recracher.

DES VISITES VÉTÉRINAIRES MOINS STRESSANTES

La plupart des chats n'aiment pas beaucoup les voyages en voiture, surtout pour se rendre chez le vétérinaire. La caisse de transport, le trajet et la visite vétérinaire sont les trois principales sources de stress. Rendez ces visites moins stressantes en suivant ces conseils.

FAITES DE LA CAISSE DE TRANSPORT UN LIEU SÛR et accueillant pour votre chat en l'installant dans un endroit qu'il apprécie. Laissez la porte ouverte et placez quelques friandises à l'intérieur pour l'inciter à s'approcher. Laissez-le entrer et sortir à volonté. Nourrissez-le de temps en temps dans la caisse ouverte.

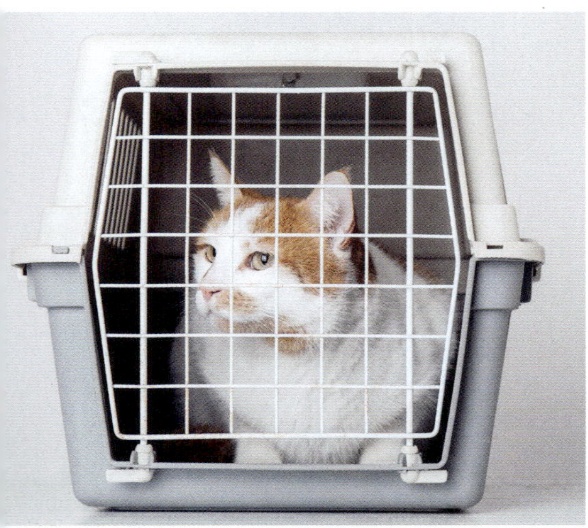

ACCLIMATEZ VOTRE CHAT aux trajets dans la caisse de transport en l'habituant progressivement à la vue et à l'odeur de la voiture en stationnement. Donnez-lui une friandise puis ramenez-le à la maison. Répétez l'opération plusieurs fois par jour, puis demandez à vos parents d'emmener votre chat faire un tour dans le quartier pour l'habituer à voyager en voiture. Quelques petits trajets suivis d'un retour direct à la maison l'aideront à se sentir plus à l'aise.

POUR ASSURER LA SÉCURITÉ DE VOTRE CHAT, placez la caisse de transport sur le sol, derrière le siège passager avant, ou faites passer la ceinture de sécurité dans la poignée de la caisse pour la fixer à un siège arrière. Ne placez jamais la caisse de transport sur le siège passager avant car en cas d'accident, les airbags pourraient se déclencher et blesser votre chat.

UTILISEZ DES SPRAYS CALMANTS. Les sprays de phéromones félines, comme Feliway, aident à calmer certains chats. Vaporisez l'intérieur de la caisse de transport et de la voiture (indétectable par l'humain).

PRENEZ LES RENDEZ-VOUS DE ROUTINE aux heures creuses afin de ne pas attendre trop longtemps dans la salle d'attente. Cela évitera que votre chat ne se montre de plus en plus anxieux ou agité en cas de retard du vétérinaire.

PLACEZ LA CAISSE DE TRANSPORT face à vous pendant que vous attendez, de sorte que votre chat ne voie pas les autres animaux présents dans la salle. Si possible, placez la caisse sur une surface plane en hauteur. Les chats se sentent plus en sécurité au-dessus du sol.

SI VOTRE CHAT EST EXCESSIVEMENT NERVEUX ou surexcité, demandez à être conduits directement dans une salle d'examen, ou à rester dans la voiture jusqu'à ce que le vétérinaire soit prêt à vous recevoir.

PARLEZ D'UNE VOIX CALME ET ENJOUÉE pour rassurer votre chat, mais évitez de lui parler comme à un bébé. Dans l'esprit d'un chat, une personne qui parle d'une voix suraiguë n'est pas en confiance et ne contrôle pas la situation. Le langage enfantin peut faire paniquer certains chats, les stresser ou les effrayer.

DEMANDEZ SI VOUS POUVEZ APPORTER DES FRIANDISES que vous donnerez à votre chat dans la salle d'examen pour le distraire pendant la consultation. Respectez les instructions du vétérinaire. Parfois, il est préférable que les maîtres s'absentent pendant une procédure stressante, comme une prise de sang ou un prélèvement d'urine. De cette façon, vous passerez pour les « gentils » en le réconfortant par la suite.

QUAND FAUT-IL CONSULTER ?

Outre les cas évidents, comme une hémorragie massive, un grave traumatisme à la tête ou une fracture, d'autres scénarios justifient une visite en urgence chez le vétérinaire. En voici quelques-uns :

* Boiterie ou incapacité à marcher
* Difficultés à respirer
* Morsure d'un autre animal, comme un serpent
* Coupure profonde ou plaie perforante
* Ingestion de poison : mort-aux-rats, antigel ou médicament à usage humain (l'aspirine est toxique pour les chats)
* Perte de connaissance
* Crise d'épilepsie.

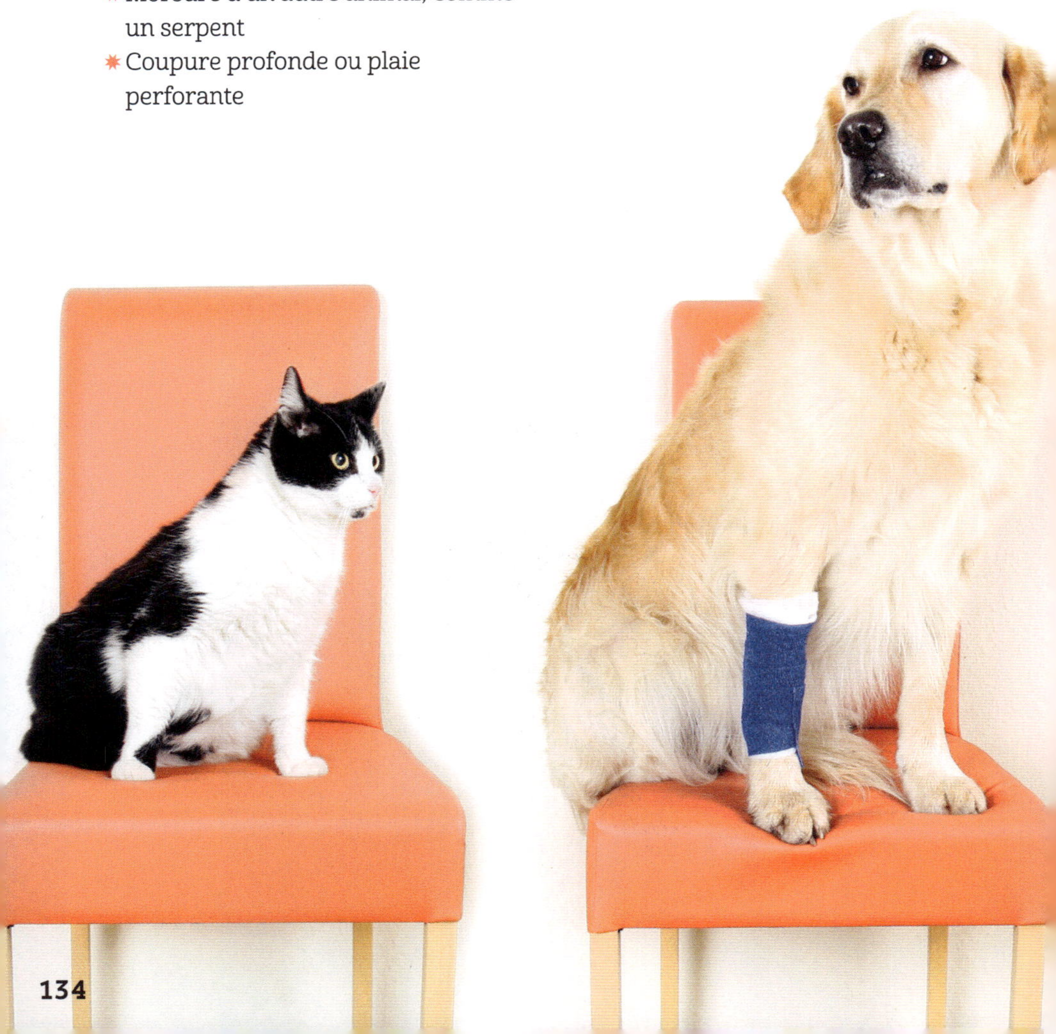

Manipulation sans stress

Certains chats sont terrifiés pendant les consultations vétérinaires. De nombreux vétérinaires ont recours à des techniques de manipulation plus douces lorsqu'ils prennent en charge les félins. Ils utilisent des techniques de manipulation conçues pour réduire l'anxiété des animaux, ce qui permet de réaliser des examens plus précis et plus approfondis.

Ces techniques permettent à un chat nerveux de rester autant que possible dans sa caisse de transport. Si la caisse s'ouvre par le haut, le vétérinaire peut effectuer une partie de l'examen en laissant le chat à l'intérieur. Certains chats sont plus calmes s'ils sont emmaillotés dans une serviette. La vaporisation de phéromones félines dans la pièce peut également réduire l'anxiété.

DIY

Kit de premiers secours

Certains articles du kit de secours humain sont dangereux ou inadaptés pour un usage animal. Affichez ce numéro sur la trousse de secours de votre chat : Centre national d'informations toxicologiques vétérinaires : +33 (0)4 78 87 10 40 (7 jours/7 de 8 h 30 à minuit).

Gants jetables sans latex (pour garder vos mains propres)

Gel antihistaminique à usage animal (pour soigner une piqûre ou une morsure d'insecte)

Poudre styptique (pour arrêter les petits saignements)

Solution saline stérile pour le lavage des yeux (pour éliminer la saleté ou les corps étrangers)

Lubrifiant à base d'eau (à utiliser avec le thermomètre)

Tire-tiques (n'utilisez pas de pince à épiler ni d'allumette enflammée !)

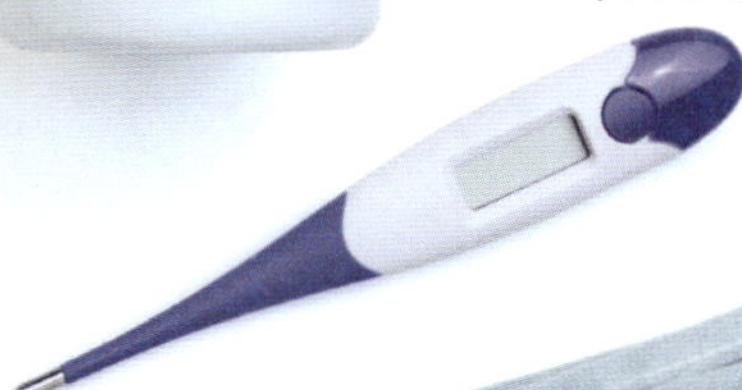

Thermomètre rectal (pour prendre la température)

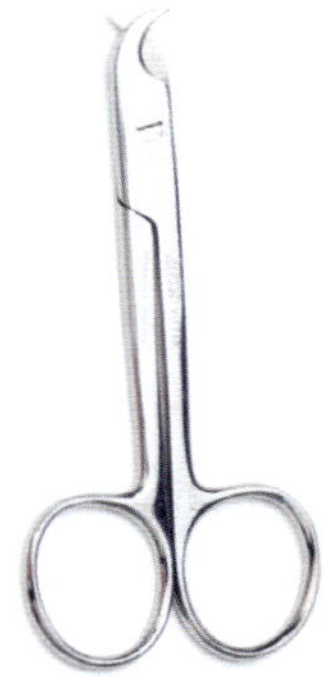

Coupe-griffes (pour couper les griffes trop longues)

Serviette de bain (pour envelopper le chat – voir p. 118)

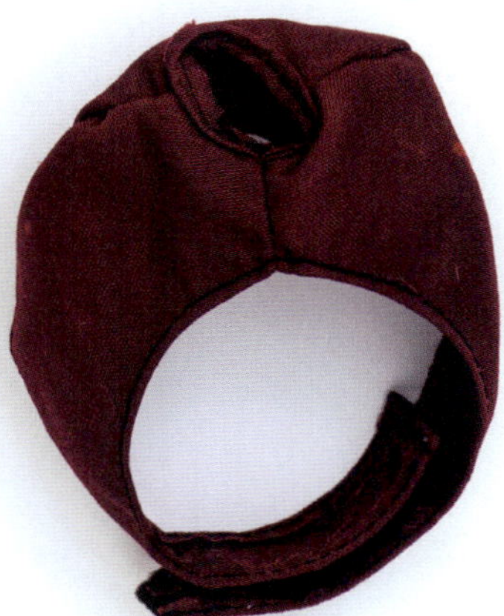

Muselière de contention (n'essayez pas de la mettre vous-même à un chat blessé ; demandez à un adulte).

Réponses aux quiz

QUIZ N° 1 (P. 27)

1. **Faux.** Les yeux des chats sont dotés d'une membrane spéciale, appelée *tapetum lucidum*, qui leur permet de mieux voir dans la pénombre que les humains. Toutefois, ils sont incapables de se repérer dans l'obscurité totale. Ils apprécient autant que vous une veilleuse dans le couloir !
2. **Vrai.** Les chats adultes peuvent avoir les yeux bleus, verts, marron ou jaunes.
3. **Faux.** Certains chats ronronnent pour essayer de se calmer lorsqu'ils se retrouvent dans une situation angoissante, chez le vétérinaire par exemple. Les chattes ronronnent lorsqu'elles nourrissent leurs chatons nouveau-nés.
4. **Vrai.** L'une des plus anciennes races de chats, le Turc de Van, est originaire du lac de Van en Turquie. Ces chats ont appris à pêcher en plongeant leurs pattes dans l'eau. De nos jours, les Turcs de Van aiment généralement nager. Certains prennent même le bain avec leurs humains !

QUIZ N° 2 (P. 89)

1. **D.** Les moustaches des félins ont de nombreuses fonctions. Qu'est-ce que cela vous ferait d'avoir des moustaches ?
2. **C.** Les sourcils rasés étaient un signe de deuil, qui prenait fin au moment de la repousse. Les habitants de l'Égypte antique aimaient tellement les chats qu'ils vénéraient une déesse à tête de chat nommée Bastet.
3. **C.** Un va-et-vient furieux de la queue signifie qu'il est préférable de prendre ses distances car le chat est contrarié ou effrayé. Dans ce cas, il est susceptible de griffer ou de mordre.

Ressources

Centre national d'informations toxicologiques vétérinaires (CNITV), https://cnitv.online/
Fondation 30 millions d'amis, https://www.30millionsdamis.fr/
Humane Society International/ Europe, https://www.hsi.org/news-media/?lang=fr
Livre officiel des origines félines, https://www.loof.asso.fr/
Magazine Spécial Chats, https://lafontpresse.fr/categorie-produit/vie-pratique/special-chats/
Matou Chat Magazine, https://matouchat.fr/
Ordre national des vétérinaires, https://www.veterinaire.fr/
Pet Alert France, https://www.petalertfrance.com/
Société protectrice des animaux, https://www.la-spa.fr/
Syndicat national des professions du chien et du chat, https://snpcc.com/

Remerciements

Je remercie vivement l'ensemble des vétérinaires et comportementalistes félins qui ont contribué à enrichir mes connaissances sur les chats, notamment Marty Becker, Elizabeth Colleran, Samantha Martin de la troupe Amazing Acro-Cats et Alice Moon-Fanelli.

Enfin, je remercie toute l'équipe de Storey Publishing, en particulier mon éditrice, Lisa Hiley, pour m'avoir aidé à réaliser mon rêve d'écrire un livre pour enfants sur le thème des chats.

Un grand merci aux formidables chats qui m'ont inspiré ces pages : MUFASA, RICKY, LUCY, et KIFF.

Index

Crédits photographiques